La respuesta es

NO

Aprenda a decir NO y cómo mantenerlo

Si está interesado en recibir información
sobre nuestras publicaciones,
envíe su tarjeta de visita a:

Amat Editorial
Comte Borrell, 241
08029 - Barcelona
Tel. 93 410 67 67
Fax 93 410 96 45
e-mail: info.amat@gestion2000.com

Cynthia Whitham, MSW

La respuesta es
NO

Aprenda a decir No y cómo mantenerlo

Amat Editorial

La edición original de esta obra ha sido publicada en lengua inglesa con el título:
The answer is NO: saying it sticking to it

Autor: Cynthia Whitham
Ilustraciones: Barry Wetmore
Diseño cubierta: Jordi Xicart
Traducción: Aida Santapau

© 1994, Cynthia Withman
© 1994, Barry Wetmore (ilustraciones)

y para la edición en lengua castellana

© 2001, Amat Editorial SL, Barcelona

ISBN: 84-8088-628-5
Depósito legal: 33.486-2001
Pie de fotocomposición pre impresión Zero
Pie de imprenta Talleres Gráficos Vigor, S. A. - Sant Feliu de Llobregat (Barcelona)
Impreso en España - *Printed in Spain*

Índice

Agradecimientos

Quiero dar las gracias a mi editora Linda Pillsbury que después de que se publicara mi primer libro, *Win the Whining War* me dijo: «¿Qué te parecería hacer una continuación? Tengo pensado un título: *The Answer is NO*». Me gustó mucho. No podía ni siquiera imaginarme una relación amistad/trabajo mejor que la nuestra. Linda, sigue ideando títulos sensacionales y yo seguiré escribiendo libros.

Muchas gracias a los clientes y amigos que me proporcionan, continuamente, historias y anécdotas de problemas y soluciones familiares. Sigan adelante con sus hijos y sus conflictos.

Gracias también, a los amigos y colegas que encontraron la manera de sacar algún tiempo de sus superocupados horarios y vidas, para leer el manuscrito y darme su opinión: Della Bahan, Dave Bice, Tim y Eileen Bice, Valerie Cummings, Lesley Dewing, Laurel Hitchcock, Susan y Ron Lapekas, Suzanne Levanas, Glenn Noreen y Patrice Yasuda.

Mi agradecimiento, mi amor y todo lo demás a mis queridas amigas Masha, Della, Barb y Sally. ¿Qué haría yo sin vosotras?

Todo mi amor a mis hijos Miranda y Kyle McLeod. ¡Hacéis que ser madre sea tan fácil!

Motivos para utilizar este libro

¿Tiene usted algún problema cuando tiene que decirles «no» a sus hijos? ¿Se siente culpable, tiene problemas para ser consecuente, trabaja en el mismo sentido que su pareja, o tiene tendencia a quedarse sin ideas para solucionar los problemas cuando se encuentra, precisamente, en lo más encendido de un conflicto? *La respuesta es NO: cómo decirlo y mantenerlo* es un libro que le ayudará a decir «no» de verdad y de una manera eficaz. Cada familia tiene unos estándares diferentes. Una encuentra que los dulces no se pueden tolerar, otra no puede soportar que sus hijos actúen como pedigüeños cuando van de tiendas. Una piensa que ver la televisión es desmandarse, mientras que otra quiere que se vayan a la cama a una hora razonable. En este libro presento soluciones a veintiséis de las situaciones más difíciles y más desafiantes que los padres y madres ponen de manifiesto en mis conferencias, talleres, o en el ejercicio de mi profesión como asistente social clínica en el Programa de formación de padres de UCLA.

La respuesta es NO le da permiso. No sólo le dice que está bien poner límites, sino que insiste en que los niños necesitan límites para florecer. Cuando los padres proporcionan una estructura consistente, unas expectativas claras y unas respuestas y consecuencias predecibles, los hijos son más capaces de crecer y convertirse en adultos sanos, felices, responsables y socialmente agradables.

Piense en las ocasiones en que un niño puede que necesite que sus padres le digan «no»: cuando exige un juguete que tiene su hermano pequeño, cuando insiste en jugar a las damas cuando un amigo que le visita querría jugar a la pelota, o cuando quiere dormir en la cama de sus padres cuando éstos quieren dormir solos. Cuando los padres dicen «no», los niños empiezan a enterarse de los derechos que tienen sus hermanos o hermanas, sus padres y sus amigos. Aprenden a ver la vida a través de los ojos de los demás, lo que es el primer paso para llegar a sentir empatía.

Los niños también necesitan que se les pongan límites a cosas o experiencias que, sencillamente, no son buenas para ellos, como demasiados dulces, demasiadas horas de televisión, o tener citas a una edad demasiado temprana. Sabemos que decir «no» es lo mejor, pero nuestros hijos nos agotan y casi nos matan discutiendo y suplicando. Ceder a la insistencia o a los berrinches es muy perjudicial ya que no sólo habremos actuado en contra de nuestro buen juicio sino que también habremos transmitido a nuestros hijos un mensaje peligroso: si haces el ruido suficiente, llegarás a conseguir lo que quieres. Imagínese a sus hijos entrando en la vida adulta y que una de sus habilidades sociales primordiales fuera el fastidiar e importunar a los demás.

He descubierto que una de las mayores batallas que libran los padres se produce cuando son ambivalentes respecto a un comportamiento y tienen valores u opiniones opuestas al respecto. Quieren que se les preste ayuda de cara a un problema, sospechan que lo que se necesita es que haya límites, pero están divididos. Quieren ser amigos de sus hijos y no adversarios. No quieren dar un «no» como respuesta refleja a cada solicitud. No quieren ser unos padres de los que dicen «porque yo lo digo.» Hay muchos que se descubren —más de lo que les gustaría y más de lo que puede que sea bueno para su hijo o hija— cediendo a solicitudes, deseos y exigencias, o presentando toda una variedad de posibilidades de elección cuando lo que de verdad necesitan es ponerse al mando.

La respuesta es NO le ayudará con esa ambivalencia, dándole la posibilidad de sopesar sus valores, tener en cuenta las necesidades de sus hijos y prestar oídos a sus sentimientos. Luego, al volver a pensarlo, puede proceder a establecer unas expectativas claras respecto a la conducta y prepararse para enfrentarse y solucionar los conflictos que puedan producirse.

Cómo hay que utilizar este libro

Éste no es un libro que tenga usted que leer de cabo a rabo y empezando por el principio, sino que puede dirigirse directamente al capítulo que hable del problema que le preocupe en ese momento y allí encontrará ayuda para decir un «no» que quiera decir «no» y, además, mantener ese «no».

Si ya ha leído el compañero de este libro, *Win the Whining War and Other Skirmishes: A family peace plan*, ya estará familiarizado con muchas de las técnicas. *Win the Whining War and Other Skirmishes* proporciona una guía paso a paso para incrementar la cooperación y reducir los conflictos con los niños de edades comprendidas entre los dos y los doce años de edad. *La respuesta es NO* le ayuda a aplicar las técnicas a las situaciones específicas que le están ocasionando problemas. Ambos libros son claros, directos y sensatos. Quiero que sea usted capaz de utilizarlos fácilmente.

En cada capítulo presento un enfoque en tres partes para manejar un área concreta de conflicto con sus hijos:

1. HAY QUE PENSARLO DE NUEVO Y BIEN: una breve exposición de la situación problemática y del dilema que representa para los padres.

2. CÓMO CONSEGUIR...: una estrategia real y viable para obtener la conducta que usted quiere e impedir que surjan los problemas.

3. CÓMO DECIR NO y MANTENERLO: qué hay que hacer si usted y

su hijo o hija ya han entrado en la Zona de conflicto (usted ya dijo «no» y no funciona).

Se aprovechan herramientas como Tiempo fuera de juego y Aviso o Advertencia y en el Glosario encontrará más explicaciones respecto a cada herramienta y cada técnica. Utilice el Índice para encontrar más ejemplos de cómo puede aplicarse cada técnica concreta. Los ejemplos de diálogos que puede usted probar se han impreso en cursiva.

Le animo a que busque un buen libro de consulta sobre desarrollo infantil. Lea todo lo que le sea posible sobre la edad de su hija y lo que puede usted esperar, razonablemente, de ella en esa fase. Entérese de qué responsabilidades puede encargarse y de la cantidad de independencia que necesita. Esta lectura le ayudará a comprender sus «tareas» de desarrollo, a dónde se dirige y qué ayuda necesita para llegar ahí.

Creo que todos los adultos de la casa deben trabajar juntos para cambiar el comportamiento de un niño. He utilizado el termino pareja para referirse a su esposa, su ex esposa, la persona con la que vive o cualquier adulto que participe en la educación de su hijo.

La mayoría de las conductas pueden aplicarse tanto a niñas como a niños, a pesar de que yo pienso que los comportamientos adolescentes empiezan antes en el caso de las chicas que en el de los chicos. En lugar de utilizar el «él/ella» y un doble género para los adjetivos he alternado, más o menos, los capítulos y los ejemplos de «él» y «ella». He hecho lo mismo para referirme a los médicos, profesores y demás, y confío en que todos se sentirán incluidos.

Si después de haber leído *La respuesta es NO»: cómo decirlo y mantenerlo* la situación que tenía el problema no mejora, o sea que ha hecho usted todo lo que ha podido para mantener su «no» pero su hijo se está dedicando a «Importunarle con todas sus fuerzas» o desafía descaradamente sus decisiones finales, busque la ayuda de un profesional de la salud mental colegiado que esté especializado en formación conductual de los padres.

Siempre NO

En la vida hay algunas cosas que no son negociables. Si es usted capaz de pensar en alguna situación en la que fuera capaz de tolerar que sus acompañantes le mordieran, le mintieran, se pelearan dentro del coche, o se comportaran como monstruos, este libro no es adecuado para usted. Haga lo que sea necesario para que le devuelvan el dinero que ha pagado por él.

1

Morder

El problema

Su hija muerde. Y no sólo a usted (que es posible que pudiera soportarlo) sino también a sus amiguitos de la guardería. Usted quiere ayuda y enseguida.

Pensarlo de nuevo y bien

En este caso no existe dilema alguno. Está más que claro que la transgresora es su niña. Y usted ya conoce las reglas: por mucho que la inciten, la fastidien o la mangoneen en el parque o en el cajón de arena donde juegan los niños, morder es la *prohibición número uno*, o sea: *NO-NO*.

Usted ha oído decir que hay niños que muerden porque no tienen aún la capacidad verbal suficiente para expresar, con palabras, su frustración y enfado. Si a una niña que apenas sabe gatear, otra niña le arrebata un juguete, la primera no tiene las habilidades sociales para decir: «Ese camión que te has llevado es mío. Eso hace que me enfade. Devuélvemelo enseguida.» Y si otro niño o niña más espabilado o astuto, la mangonea o la fastidia cuando nadie mira, ella le atacará para defenderse sin pensar en otras alternativas.

A medida que su hija vaya madurando, su objetivo será el de enseñarle a expresar sus sentimientos de enfado «utilizando sus palabras», a afirmarse de una manera que no sea agresiva y a obtener ayuda de sus maestros y padres si lo necesita. También debe aprender que «no siempre se puede conseguir lo que se quiere» exactamente cuando se quiere. Pero mientras sus habilidades sociales se están desarrollando, usted necesita encontrar unas consecuencias claras e inmediatas al acto de morder.

Guardarse «los dientes para uno»

1. Dele a su hija muchas oportunidades para correr, trepar, saltar y jugar casi hasta el agotamiento. Esto puede ayudar a que disminuya su energía o tensión excesivas.

2. Si su hija empieza a ser agresiva cuando juega, invite a otro niño o niña a que venga a jugar un rato. Puede que tenga usted que supervisar sus juegos e intervenir distrayéndoles o dándoles indicaciones.

3. Alabe a su hija siempre que juegue bien con los demás, comparta los juguetes, ayude a otro niño, se afirme a sí misma con palabras en lugar de con actos físicos o que juegue durante un rato con otros niños sin provocar incidentes.

> *Hoy has jugado muy bien con Gretchen. Me gustó mucho la manera en que dejaste que jugara contigo a los bloques y a los caballos.*

4. Fíjese en sí misma. ¿Cómo se enfrenta a la frustración? Si pierde los estribos, le está enseñando a su hija a hacer lo mismo.

Cómo decir no y mantenerlo

1. Cuando el bebé al que está amamantando la muerda, intente no gritar. ¡Con lo divertido que es conseguir que mami abra los ojos como si fueran dos naranjas, dé un respingo y aúlle: «¡Vaya pequeño diablo, me acabas de morder!» Tenga cuidado de no darle la recompensa de su atención riéndose (no será divertido por mucho tiempo) o gritándole. Lo que debe hacer es apartar la mirada y sacarle el pecho de la boca cuidadosamente.

2. Cuando su bebé que ya gatea la muerda, mírele fijamente a los ojos y dele una orden firme, *«No se muerde.»* Es posible que esto sea suficiente para detenerle.

3. Establezca que el morder tiene unas consecuencias claras. Antes de ir a jugar al parque o a casa de unos amigos, emita la advertencia:

Si muerdes, nos iremos.

Y si muerde, recoja sus cosas y regresen a casa.

4. No le devuelva el mordisco jamás. A un bebé que gatea, el hecho de que le devuelvan el mordisco no le hace pensar, «¡Vaya, cuando mami me muerde, duele! Supongo que no debería hacérselo a los demás». En su furia y frustración, su hija no va a captar nada importante que tenga que ver con la relación causa/efecto que pueda existir entre morder y el dolor de otra persona, créame.

5. Cuando su hija muerda a alguien cuando está en casa, dígale que va a estar un tiempo fuera de juego:

˜ Elija un lugar para el tiempo fuera de juego, como una silla colocada de cara a un rincón de la habitación en la que ella esté aislada pero usted pueda vigilarla. En el caso de un niño de dos años puede utilizar su corralito o su sillita de paseo.

˜ Elija un límite de tiempo para que esté fuera de juego. Para un niño que gatea, cuarenta y cinco segundos pueden ser más que suficientes.

˜ Utilice un reloj avisador de cocina a fin de que no sea usted quien marca el tiempo.

˜ Tan pronto como muerda, diga: *No se muerde. Vas a estar un tiempo fuera de juego en esta silla. Cuando oigas sonar el timbre, el tiempo fuera de juego se habrá terminado.*

˜ Apártese de su hija y regrese a sus tareas. No le hable, no la mire ni la toque. Cuando intente distraerla cayéndose de la silla, llorando, haciendo ruido, o preguntando cuándo se acabará su tiempo fuera de juego, ignórela.

˜ Cuando suene el timbre, diga con sencillez y tranquilidad: *Tu tiempo fuera de juego se ha terminado. Puedes salir de la silla.*

6. Si su hija llora durante su tiempo fuera de juego no la abrace, ni la mime, ni la tranquilice. No haría más que socavar absolutamente su eficacia.

Una familia vino a verme con el dilema de que Cecilia, que tenía dos años de edad, había sido expulsada de la guardería por haber mordido, haciendo sangre, siete veces en una semana. Tanto los padres como los maestros insistían en que utilizaban el tiempo fuera de juego.

Descubrí que en casa, su madre daba por terminado el tiempo fuera de juego, tomando a Cecilia en brazos y consolándola. Di instrucciones a los padres para que acabaran el tiempo fuera de juego de una manera diferente. Iban a anunciar: *Tu tiempo fuera de juego se ha terminado*, levantarla de la silla de paseo y ponerla suavemente en el suelo. Si Cecilia se aferraba a las piernas y a la ropa de su mami, ésta se daba la vuelta y realizaba alguna actividad, como lavar los platos o arreglar el contenido de un cajón. Ignoraba las pataletas y los agarrones, pero si Cecilia empezaba a comportarse de manera que fuera remotamente aceptable, podía responderle. Al cabo de una semana, dejó de morder.

7. No mezcle el hecho de dar una lección con aplicar una consecuencia. Es frecuente que los padres quieran dar explicaciones a sus hijos de los motivos por los que morder es malo y cuánto daño le ha hecho al otro niño. Quieren hablarle a su hija de otras maneras de expresar su ira. Sin embargo, en el momento en que se produce el conflicto, su hija está demasiado enfadada o avergonzada para que pueda absorber una lección social. Será mucho más receptiva cuando esté calmada, como por ejemplo durante una charla tranquila justo antes de irse a la cama.

Puede que le sirva de ayuda acudir a la amplia colección de libros que hay en el mercado, diseñados para que los niños aprendan cosas respecto a los sentimientos y la manera de manejarlos. Y aun puede que le sea de más ayuda que le dé cosas concretas para hacer o decir en lugar de morder. Juegue con su hija para enseñarle lo que debería hacer (marcharse) o decir (*¡A mí no me gusta eso!*) si al pequeño Alfredo se le ocurre volver a llamarla «caraculo», otra vez.

8. Si su hija muerde en la escuela o en la guardería, asegúrese de que los maestros y las cuidadoras de la guardería están utilizando correctamente el tiempo fuera de juego.

En el ejemplo anterior, el tiempo fuera de juego en la escuela de Cecilia quería decir que había que ir al despacho del director. Allí el director le hablaba de lo mucho que duelen los mordiscos y que cuando se enfada lo que debe utilizar son las palabras.

El problema no era el mensaje sino que el director estaba recompensando a Cecilia con su atención, cuando no debería haber tenido ninguna. Los niños morderán o golpearán más si el «castigo» del tiempo fuera de juego es, en realidad, el privilegio de una audiencia privada con el director de la escuela.

Si el personal de la escuela no está dispuesto, en absoluto, a utilizar el tiempo fuera de juego o insiste en utilizarlo de manera incorrecta —manteniendo que sus métodos tienen éxito con otros niños que se comportan mal—, puede que tenga que sacar a su hijo de esa escuela. El hecho de que haya funcionado con otros niños no tiene importancia alguna si no funciona con su hijo. Afortunadamente, el tiempo fuera de juego, si se utiliza correctamente, es un método que funciona prácticamente siempre, cuando otros métodos fracasan.

2

Las peleas dentro del coche

El problema

Sus hijos riñen, disputan, importunan, se imitan entre sí («¡Mami, me está imitando!»), se quejan, se pegan, chillan, hacen muecas, se pelean por los juegos, se pelean por el asiento delantero. Lo que usted quiere es que ¡por lo menos! la libren de niños que se pelean durante el resto del viaje. ¿Es pedir demasiado?

Pensarlo de nuevo y bien

¿Qué es lo que hay que pensar de nuevo y a fondo? Nada. En este caso está usted libre de sospecha. Tiene todo el derecho del mundo a tener un viaje razonablemente tranquilo cuando se encuentra al volante de un automóvil llevando a sus hijos de aquí para allá, del punto A al punto B. Los viajes, sea cual sea su duración, pueden suscitar comentarios tan *útiles* como: «¿Cuánto tardaremos?», «¡Es muy aburrido!», y el siempre popular «¿Todavía no hemos llegado?». Muy pronto, estarán mitigando su aburrimiento torturándose los unos a los otros y a usted.

No tengo duda alguna de que antes de que haya pasado el *baby boom*, los cristales de separación entre el asiento de delante y los de atrás (que desaparecieron en los años cincuenta) volverán a estar de moda. Pero hasta que llegue ese momento, siga leyendo y encontrará algunos consejos que pueden serle de gran ayuda para que no pierda el juicio.

¿Cómo es posible viajar en automóvil sin discusiones ni conflictos? *(¡está bien, está bien!... con menos conflictos)*

1. Tan pronto como sus hijos se comporten de forma excelente en el coche, alábeles. Alábeles especialmente si se muestran pacientes o se están llevando bien.

2. Lleve juegos de viaje en el coche. Son unos cuadernos que acostumbran a encontrarse en las papelerías o librerías y en los que hay que hacer una señal cuando se ve un coche, un puente, una torre, una vaca, etcétera, y eso hace que los ojos de los pequeños estén atentos al exterior. Lleve también algunos juguetes que sólo utilicen cuando vayan de viaje, como una consola de juegos portátil, una casete con auriculares y cosas por el estilo. Hay niños que son capaces de leer en el coche, así que lleve bastantes cuentos en previsión de atascos de tráfico o de las paradas del tipo «paremos aquí un momento y miremos el mapa».

3. Siempre que los viajes sean más bien largos no olvide acaparar comida y bebida de sobra. Sobre todo lleve siempre bastante agua. Algunos padres tienen siempre alimentos duraderos, como nueces, pasas o galletas en la guantera, y los utilizan en el viaje de vuelta a casa desde el colegio o la guardería.

4. En el caso de los viajes largos, planee frecuentes paradas de descanso. Pueden ser cortas, sólo para estirar las piernas, respirar algo de aire fresco y contemplar el paisaje. Si el viaje va a durar varias horas, no se concentre únicamente en llegar lo más rápidamente posible, sino que divida el día con una visita corta a un museo o a cualquier otra atracción.

5. Haga un trato. Durante un viaje de cuatro horas a una playa donde íbamos a pasar unas vacaciones, les ofrecí a mis hijos la siguiente posibilidad de elección:

> *Podemos llegar conduciendo de un tirón —sólo con una o dos paradas cortas para repostar gasolina, ir al lavabo y comer algo— y estar allí antes de que se haga de noche y aun podríais ir a nadar; o podemos hacer muchas paradas y llegar después de que haya oscurecido. Decidid vosotros, pero si decidís que vayamos directamente, tendréis que tener mucha paciencia y no pelearos.*

Mis hijos decidieron ir de un tirón y, con un par de recordatorios, no se pelearon. Llegamos a tiempo para que pudieran nadar antes de que se pusiera el sol. ¿Quién lo hubiera pensado?

Si ellos no hubieran querido llegar a un acuerdo, yo hubiera tomado la decisión en su lugar o lanzado una moneda al aire.

6. Permita que sus hijos den rienda suelta a su frustración de manera directa y sin gimotear («utilizando sus palabras»). Si dicen, suspirando: «Parece que no vayamos a llegar nunca», responda diciendo: *Sí, es un viaje largo y estáis teniendo mucha paciencia. Gracias.* Si la misma queja adopta la forma de un gimoteo, se hace con voz estridente o de forma desagradable o mal intencionada, limítese a ignorar la observación.

7. Si se comportan muy bien, deles una pequeña sorpresa. A pesar de que no recomiendo que se utilicen recompensas de comida como incentivo normal, una parada para tomar un helado en medio de un viaje largo y caluroso debería inspirar aún más cooperación.

8. Una nota sobre la utilización de la radio: cuando se trata de utilizar la radio soy algo dictadora. Tengo tendencia a pensar en la radio como algo que debe servir de ayuda al conductor. (Lo que quiero decir es, ¡fijaos dónde colocan los mandos!)

Los padres pueden fomentar el «consenso» al enseñar a sus hijos, desde muy temprana edad, a apreciar a sus músicos y cantantes favoritos. Yo di a mis hijos «premios valiosos» por ser capaces de identificar a Smokey Robinson, los Beatles, Aretha Franklin, James Brown o los Righteous Brothers en los programas de mi vieja emisora. Está claro que hubieran preferido una emisora pop pero se conformaron cantando junto con su madre y dejándola sin una moneda para el aparcamiento o la autopista, a cambio de sus aciertos.

Si quiere ser democrático respecto a la utilización de la radio, a mí me parece bien. Alterne las emisoras o las cintas de audio. A la ida, la hermana puede poner su rap y, de regreso, el hermano puede tener su rock. El siguiente viaje le corresponde elegir a usted. O invertir en auriculares para la radio y los reproductores de cintas o CDs. Pueden ustedes ir por la autopista y cada uno estará siguiendo un ritmo diferente.

Cómo decir no y mantenerlo

1. Si, a pesar de las tremendas vibraciones que surgen del asiento del conductor, empieza la trifulca, no suplique, no implore ni amenace. Emita, simplemente, una orden adecuada:

Las manos quietas.

Por favor, no levantéis la voz.

Si no sois capaces de jugar a ese juego sin pelearos por cualquier cosa, voy a guardarlo durante quince minutos.

2. Si hacen lo que se les dice, alábeles inmediatamente y siga alabándoles periódicamente.

Gracias, chicos, por tener las manos quietas.

Estáis muy callados ahí atrás, os agradezco que no levantéis la voz.

Ese juego parece muy divertido porque lleváis mucho rato jugando con él.

Piense en una pequeña recompensa o privilegio para celebrar que el resto del viaje se ha desarrollado en paz.

3. Si la batalla continúa, su siguiente orden puede ser no verbal. Con toda sencillez y tranquilidad, detenga el vehículo en el arcén de la carretera, o tome la siguiente salida de la autopista, apague el motor y espere. Cuando sus hijos se tranquilicen y se callen, diga sencillamente: *Gracias* y vuelva a poner el coche en marcha.

Por cierto, si alguno de los más pequeños se quita el cinturón de seguridad o sale de su asiento, la táctica de parar a un lado del camino también funciona.

Cuando planee utilizar esta excelente técnica de no hacerles caso, será una buena idea que salga de cinco a diez minutos antes de lo previsto.

4. Es posible que para demostrar que va usted en serio tenga que hacer lo de arrancar y detenerse más de una vez. De nuevo, deténgase en el arcén de la carretera. No demuestre su ira o su frustración. Cuando los niños hayan dejado de molestarse los unos a los otros, deles las gracias y siga conduciendo.

5. Puede que no disponga de tiempo para detener el automóvil. Si lo que hacen es quejársele los unos de los otros, limítese a ignorarles. O anuncie: «Eso tenéis que solucionarlo vosotros.» Si la riña va subiendo de tono, el paso siguiente es darles un aviso de que se producirá una consecuencia. Para que sea eficaz la consecuencia debe tener significado para el niño y usted ha de poder controlarla.

En una de mis conferencias, una madre dijo que ella utiliza con éxito la advertencia siguiente: «Niños, si no sois capaces de estaros callados, me pondré a cantar.» Otros posibles avisos de consecuencias son:

> Juan, ten las manos quietas o tendrás que ir sentado aquí delante conmigo.

> Bajad la voz o esta noche tendréis que acostaros un cuarto de hora antes de lo habitual.

> Si volvéis a utilizar palabras feas otra vez, os pondré una multa de cincuenta pesetas por cada una.

> Dejad de provocaros o nos volveremos a casa. (Únicamente si está dispuesta a hacerlo)

> El que le pegue a alguien tendrá que descargar el coche, sin ayuda de nadie.

Si se la ganan, asegúrese de que la consecuencia se produzca.

6. Si las peleas dentro del automóvil se han vuelto crónicas y las salidas familiares le inspiran pensamientos suicidas, haga la prueba siguiente:

- Planee una salida que requiera un viaje en automóvil de una media hora. Elija una actividad que a los niños les guste de verdad (minigolf, bolera, patinaje sobre hielo, pasar el día en la playa), pero que no exija que se compren entradas por anticipado.

- Antes de entrar en el coche, siéntese con sus hijos, establezca contacto visual con cada uno de ellos y exprese, claramente, tres reglas de comportamiento, como:

> Nadie va a molestar a nadie y eso quiere decir que no se harán muecas, no se imitará ni se insultará absolutamente a nadie.

> Las manos, pies y todas las demás partes del cuerpo estarán lo más quietas posible y no importunarán a los demás.

El tono de voz será el que se utiliza para hablar, no para chillar o vociferar.

- Dé un aviso de consecuencia:

  Si alguno de vosotros no cumple alguna de las reglas, damos la vuelta y volvemos a casa.

- Asegúrese de que comprenden las reglas y la consecuencia.

- Esté dispuesta a dar la vuelta. De hecho, tenga a punto una canguro por si tiene que llevar a los niños a casa y así, ¡usted podrá irse al cine!

- Empiece a conducir. Al cabo de unos minutos, si cooperan con las reglas, alábeles.

- Si quebrantan una regla, no diga ni una sola palabra. Haga que el coche dé la vuelta y diríjase a su casa. Ignore todas las protestas y cuando llegue, no les proporcione ninguna diversión extra. Deje que ellos mismos se preparen algo para comer: «*Chicos, en la nevera hay fruta, queso, huevos y jamón.*» A continuación dese un buen baño caliente o póngase a leer un buen libro.

¡En el futuro, no creo que haya muchas peleas dentro del coche!

3

Mentir

El problema

Su hijo tergiversa la verdad, la evita o miente descaradamente. Usted podría tolerar casi cualquier otro comportamiento, pero no la mentira. Usted insiste en que su hijo sea honesto.

Pensarlo de nuevo y bien

No hay gran cosa que pensar sobre las mentiras. Mentir es, realmente, el comportamiento que vuelve locos a todos los padres.

Las mentiras empiezan de una manera bastante sencilla. Los niños, a una edad temprana, no diferencian fácilmente la fantasía de la realidad. La verdad y sus deseos están muy enredados. Es muy normal que una niña pequeña describa algo que ansía como algo que ya tiene, o algo que desea hacer como algo que ya ha hecho.

Más adelante, los niños utilizan las mentiras para no tener problemas. Son capaces de tener la cara llena de migas de galletas e insistir con una seriedad absolutamente creíble: «No he comido ni una sola galleta.» Confían en que si dicen «Yo no lo he hecho» o «Yo no he sido» se salvarán del castigo. Confían tanto en ello que en ocasiones empiezan a creer en su propia inocencia.

Mentir no es únicamente una mala estrategia (la verdad acostumbra a descubrirse), sino que es un comportamiento altamente inaceptable en la mayoría de situaciones de la vida. Siga leyendo y encontrará unas cuantas ideas para reducir las mentiras.

Cómo conseguir que no digan más que la verdad

1. Sea usted un modelo de aceptación de responsabilidades, alguien que no tiene miedo de decir la verdad y enfrentarse a las consecuencias.

Si alguien grita desde la cocina: «¿Quién se ha terminado la leche? Iba a utilizarla para hacer flanes», es muy bueno que un niño oiga que la pareja responde: *«Lo siento, querida. No me di cuenta de que podías necesitarla. Me encantará ir a buscar más.»*

2. Sea también un modelo de honestidad. Si alguien llama por teléfono y usted no quiere hablar con esa persona, no le pida a su hijo o a su esposa que mientan. En lugar de eso haga que su hijo diga: *«Mi papá está ocupado y no puede ponerse ahora al teléfono. ¿Le digo que le llame?»*

3. No mienta a sus hijos. Si le preguntan algo sobre lo que no puede decir la verdad (algo que no comprenderían o que les confundiría o les daría miedo), diga algo como: *«Eso es algo que tu madre y yo necesitamos que siga siendo privado.»*

4. Si está preocupada por los deseos fantásticos de su hijo o hija en edad pre escolar (a pesar de que no creo que tenga que estarlo), puede convertir sus fantasías en realidades: *«No tienes un caballo pero seguro que te gustaría, ¿no es así?»* Puede ayudarle aún más enseñándole la diferencia entre «hacer ver» y «real».

5. Utilice fábulas y cuentos de hadas para que a su hijo le quede bien grabada la importancia de la verdad. Tanto *Pinocho* como *El chico que gritaba «El lobo...»* muestran unas consecuencias claras de las mentiras.

6. Recompense la verdad. Si un niño acude a usted y le habla de algo malo que ha sucedido (ha roto algo, ha perdido algo, tuvo problemas en la escuela), aproveche la oportunidad para alabarle.

No estoy contenta de que hoy te mandaran a casa, pero aprecio mucho que fueras valiente y vinieras a decírmelo.

Su hijo no tendrá tanto miedo de decir la verdad porque usted lo ha manejado muy bien.

7. Como es posible que su hijo o hija mientan para conseguir atención, no dé por supuestas las cosas buenas. Muestre interés por las pequeñas cosas y alabe los éxitos de cada día. Cada noche, dedique algún tiempo a sentarse, relajarse y hablar, honestamente, con su hijo de lo que ha sucedido durante el día.

Cómo decir no y mantenerlo

1. No les interrogue. Si está bastante segura de que su hijo ha hecho algo que a usted no le gusta, dígaselo en lugar de importunarle con preguntas. Cuando un niño sabe que tiene problemas, ya está disgustado y preocupado y sentirá la tentación de mentir para evitar el castigo. (¿Le ha parado alguna vez la policía por una infracción de tráfico? ¿Intentó salir bien de la situación hablando? ¿Admitió, con facilidad, que había cometido una falta?)

En lugar de decir: «¿Rompisteis la ventana del señor Castro cuando estabais jugando con la pelota?», diga: *«Chicos, cuando estuvisteis jugando con la pelota rompisteis la ventana del señor Castro. Venga, llamad a Julio y a Paco para que os acompañen a pedir disculpas al señor Castro.»*

2. Si descubre que su hijo ha mentido, adminístrele una consecuencia. Una consecuencia es la pérdida de un privilegio que:

tenga significado para el niño,
usted controle,
usted esté dispuesto a retirar y
cuya duración sea mínima.

Lo ideal es que exista una conexión entre la ofensa y la consecuencia. Por ejemplo, si miente respecto a jugar fuera de los límites que usted ha fijado, la consecuencia puede ser la de jugar dentro de casa esa tarde.

3. Como sea que los niños mienten para evitar el castigo, establezca una regla que diga que si miente para cubrir una mala conducta y le pillan, habrá dos consecuencias, una por la mala conducta y la otra por haber intentado ocultarla.

4. Si su hijo insiste en que no lo ha hecho, pero usted está bastante segura de que sí lo ha hecho, evite la batalla si le es posible. Puede que él insista tan fervientemente que llegue a creer en su propia inocencia. Yo preferiría ver a un padre o una madre que enfocaran el tema indirectamente cuando se trata de un niño que tiene un problema crónico con las mentiras. Puede usted decir: *Es posible que no estuvierais jugando con la pelota en el momento exacto en que se rompió la ventana del señor Castro, pero esa ventana la rompieron ayer, y tú y los chicos estuvisteis jugando con la pelota ayer. Si descubro que me he equivocado, pediré disculpas. Sin embargo, por el momento, tenemos que ir y arreglar la ventana del señor Castro.*

5. Un niño que miente puede, como *El chico que gritaba El lobo...*, encontrarse con que la única vez que dice la verdad, nadie le cree. Explíquele que a pesar de que sabe usted que está trabajando mucho para decir la verdad, como ha mentido en el pasado, no todo el mundo está dispuesto ya a creerle. Necesitará un poco más de tiempo.

4

Un comportamiento pésimo en el restaurante

El problema

Sale usted a comer a un restaurante con familiares o amigos. Su hijo se niega a sentarse en el lugar que se le indica o a comer lo que ha pedido. Exige un refresco cuando sabe que usted sólo le permite beber agua, leche o zumo de fruta, o interrumpe continuamente las conversaciones de los adultos a pesar de que hay otros niños en la mesa. Exige ir a un restaurante diferente o se pasa la mitad de la tarde sentado en su falda. Lo que usted desea es disfrutar de la comida y de los que la acompañan pero se descubre, en cambio, deseando haber contratado a una canguro y haber dejado a su hijo en casa.

Pensarlo de nuevo y bien

En este caso, estamos hablando de más cosas que dar patadas por debajo de la mesa o de unos modales terribles en la mesa. Estamos hablando de lo que parece ser un complot para arruinarle la tarde o la noche. Está usted con su familia, sus parientes o sus amigos. Puede incluso que esta salida sea un deleite muy raro pero, tanto si se trata de una ocasión especial como si no, usted no quiere que su hijo se la arruine a todo el mundo.

El comportamiento concreto es impredecible. No quiere pedir nada del menú infantil (que normalmente le encanta y que es lo que su bolsillo puede permitirse). Cuando llega la comida, no está a la altura de sus —de repente— altísimos criterios. Los macarrones con queso tienen demasiado queso, la salsa de los espaguetis tiene setas, las patatas fritas que acompañan a la carne están demasiado fritas o demasiado crudas. Sencillamente, está de mal humor y ha elegido el momento en que usted es más vulnerable: fuera de casa con familiares o amigos.

Usted intenta apaciguarle, pero sin resultado. Si cede a sus cambios de asiento, tendrán una escaramuza por el menú. Si cede a sus exigencias en cuanto a la comida, se peleará con usted por los postres. Si cede a sus exigencias en cuanto a los postres, interrumpirá su conversación. Usted intenta excusar su comportamiento: su chiquitín no la ha visto en todo el día, o está cansado a más no poder; acaba de pasar un resfriado o puede que le esté saliendo uno; hace mucho que debía haber cenado y está hambriento... Pero la verdad es que todos ustedes están cansados, que todos tienen hambre y que él es el único que está descontrolado.

Permítame que le tranquilice: tiene usted todo el derecho a disfrutar de una comida sin estrés con sus amigos y familiares. Tiene derecho a que su hijo se comporte bien en público. Lo que él necesita es que le ayude a desarrollar unos modales mejores para ser utilizados en los restaurantes, así que ejecute el plan siguiente.

Cómo comer en un restaurante con los niños y que sea una experiencia agradable

1. Desde el principio espere que su hijo se comporte bien. Establezca unas reglas muy claras respecto al comportamiento en los restaurantes: comer con los cubiertos o utensilios adecuados, masticar con la boca cerrada, hablar únicamente cuando la boca esté vacía, mantener las manos y los pies en su lugar, pedir que le pasen las cosas en lugar de alargar las manos, decir «por favor» y «gracias», ser cortés con el personal del restaurante, aceptar las limitaciones del menú o del bolsillo, y (sí, me temo que también tenemos que decir esto bien claro) no se puede eructar sonoramente o hacer cualquier otro ruido corporal.

2. Ponga en práctica esas reglas en los restaurantes de comida rápida y en los de tipo familiar. En ocasiones especiales vaya a restaurantes más formales donde sepa que se aceptan niños. Alabe e incluso recompense un comportamiento sensacional siempre que se produzca. Si su hijo infringe las reglas,

dele una consecuencia. Las consecuencias pueden ir desde que el niño o niña abandone la mesa para pasar un tiempo fuera de juego hasta que lo lleve a casa (más adelante hablaré de esto).

3. Cuando visite las casas de sus amigos para disfrutar de barbacoas, comidas improvisadas o cenas formales, establezca unas expectativas similares. Puede usted hacer prácticas respecto a las consecuencias cuando se halle entre amigos que la apoyen en sus esfuerzos.

4. Si su hijo tiene tendencia a comportarse mal cuando salen, evalúe la situación. ¿Está cansado? ¿Tiene hambre? ¿Quiere llamar su atención porque usted ha estado todo el día en el trabajo? ¿Se encuentra usted con niños a los que él no puede soportar?

Partiendo de su evaluación, decida cómo va a evitar la situación la próxima vez:

- Haga hacer la siesta al niño, pues posiblemente tenga sueño antes que los demás.

- A ese niño que siempre tiene hambre, dele algo ligero para comer en el coche antes de llegar.

- Invite a un amigo suyo para que les acompañe a cenar.

- Sugiera que se siente de una manera más viable (la cena a su lado y el postre al lado de los demás niños).

5. Lleve consigo al restaurante instrumentos de distracción que fomenten la tranquilidad y el silencio: lápices de colores y un libro o cuaderno para colorear, un juego de cartas, una caja pequeña de plástico con unas cuantas figuras de juguete, libros de imágenes o para leer, o pequeños juegos de viaje.

6. Sintonice bien con las necesidades de desarrollo de su hijo o hija. Por ejemplo, con los de cuatro años de edad, la rutina será su mejor amiga. Vayan a un restaurante familiar al que tengan la costumbre de acudir. Siéntese en la misma mesa, rece para que les sirva la misma amable camarera de siempre y dele una buena propina por acordarse de que tiene que recibir a su pequeñajo con galletitas, lápices o cualquier otro regalito.

Si su hijo se encuentra en una de esas horribles fases en que se sabe y se espera que se comportará de una manera imposible en público, piense en comer en el campo.

7. Si su hijo acostumbra a cooperar bien en las salidas, pero tiene tendencia a tener problemas con una familia, pariente o entorno en concreto, no creo que le haga daño ponerle un ejemplo para que él sepa que comprende su incomodidad:

> *Sé que cuando salimos a comer con los Pérez lo pasas mal, y que esa Raquel se te engancha como si fuera pegamento y tú lo odias.*

Puede llegar aún más lejos y preguntarle de qué manera podrían ir mejor las cosas en la cena:

> *¿Qué es lo que crees que podría hacer para que las cosas fueran mejor? ¿Qué te parece si Simón y tú os sentarais juntos y Raquel se sentara junto a su padre?*

8. Con un hijo que básicamente coopera, pero que necesita algo de inspiración para superar una ocasión difícil, utilice la oferta de un trato de cuando/luego:

> *Si eres capaz de comportarte estupendamente cuando vayamos hoy a comer con los Pérez, por la tarde puedes quedar para jugar con cualquier amigo que tú quieras.*

9. Dele un recordatorio; todos los chicos los necesitan. En el coche, de camino al restaurante, repita las dos o tres reglas normales, y haga un recordatorio breve en el momento de entrar en el restaurante. Al cabo de unos pocos minutos, antes de que su hijo haya tenido tiempo de hacer nada que no sea comportarse estupendamente (eso espero) alábele por cooperar con las reglas. Siga alabando el buen comportamiento durante toda la comida.

10. Utilice una prueba para dejar bien sentado que usted habla en serio respecto a los restaurantes. Las pruebas le causan poco estrés porque usted sabe que está todo preparado pero para los niños tienen todos los beneficios de lo verdadero. Los pasos que debe seguir en una prueba de restaurante son:

- Elija un restaurante barato (los de comida rápida son ideales) que le guste a sus hijos. Usted ya ha comido antes de ir.

- Enuncie las reglas para la salida:
  Tened los pies quietos (no deis patadas por debajo de la mesa).

Seguid sentados hasta que todo el mundo haya terminado.

No se pedirán cosas extra (batidos, postres, patatas fritas extra).

- Dé un aviso: *«¡Si no cumplís las reglas, nos vamos!»*

- Permita que sean los niños los que pidan la comida (dentro de las directrices) y usted pida café o cualquier otra bebida que pueda tomar (recuerde: usted ya ha comido).

- Alabe a los niños siempre que sigan las reglas.

- Cuando un niño rompa una regla, póngase de pie con tranquilidad y diga: *«Has roto una regla. Nos vamos.»*

- Tome su café y diríjase directamente a la puerta. Dígase que sus hijos están a punto de aprender una lección valiosa. Si protestan por la comida, diga: *«Lo lamento, no se permite comer en el coche. En casa hay fruta, queso y galletas.»* (Si usted quiere, pueden llevarse parte de la comida siempre que no sea algo que vaya a ensuciar mucho.)

- Si sus hijos le piden perdón, diga algo odioso como, *«Aprecio mucho que pidáis disculpas. Espero ansiosamente que lo intentéis más la próxima vez.»* Evite la tentación de darles una lección o de pararse; siga andando y mirando al frente.

- Si los niños se echan la culpa entre sí, no se sienta culpable. Recuerde que habitualmente es usted quien soporta el peso de la culpa.

- Saboree este pensamiento: una vez que los padres han utilizado esta prueba con éxito, es habitual que no tengan que repetirla jamás.

Cómo decir no y mantenerlo

1. La primera vez que su hijo expresa su negatividad —digamos que rehúsa sentarse en su silla en el restaurante y dice: «Aquí no hay nada que me guste»— lo único que debe hacer es ignorar su observación. De una manera calmada y tranquila, vuelva a concentrarse en su menú y empiece a hablar de las posibilidades de comida con los adultos o, aún mejor, pregúntele a uno de los niños que se esté comportando mejor: *«A ti, ¿qué es lo que te parece bueno?»* Al ignorar al niño que está en pie, mientras dedica su atención a uno que coopera, usted le ayuda a que vuelva a unirse al grupo. Puede que necesite que le ignoren durante unos minutos para que se decida a sentarse.

A fin de no quedar mal, es probable que se haga el remolón y se siente muy lentamente. Siga ignorándole.

2. Tan pronto como se haya sentado, dedíquele su atención (no ponga cara de haber triunfado o estar exageradamente complacida). Probablemente ése no es el momento de hacer una pregunta que pueda responderse con un sí o con un no. Por ejemplo, si pregunta: «Carlos, ¿qué te parecería tu plato favorito, macarrones con queso?», puede que diga un feo «no», porque está enfadado con usted y no querrá darle la razón. Su comentario debería ser una especie de invitación a volver con la familia, una declaración sencilla hecha con una voz cálida que le haga saber que, por lo que a usted respecta, el incidente ha terminado. Un ejemplo podría ser: *«Carlos, aquí hay una o dos cosas que puede que te gusten. Veo macarrones y lasaña.»*

3. Es posible que se siente, pero se quede como si fuera un pelele y rehúse elegir un plato. Si es así, ignórele. Cuando el camarero mire a su hijo, usted puede animarle: *«Dile al camarero qué es lo que te gustaría comer.»*

Si no dice nada, diga tranquila y firmemente: *«Parece que quieres que sea yo la que pida por ti.»* Gírese hacia el camarero y pida algo que usted sabe que le gusta a su hijo. Si él la interrumpe para pedir la comida, aunque sea con un tono gruñón, está bien. Diga: *«Buena elección»*, y pase su atención a alguna otra persona o al menú. Si fuera maleducado con el camarero, intervenga y pídale disculpas y luego pida usted por su hijo.

4. Si su hijo no se sienta pronto, o si parece que está flirteando con la posibilidad de romper algunas de las reglas, elija una consecuencia. Lo mejor es utilizar una consecuencia inmediata, como un tiempo fuera de juego en la sala de descanso o en el coche.

Evaluemos la eficacia potencial de esta consecuencia:

- ¿Un tiempo fuera de juego tiene significado para su hijo?

  Sí, la mayoría de niños entre dos o tres años y hasta la edad de doce, ven el tiempo fuera de juego como un castigo.

- ¿Controla usted esa consecuencia?

  Sí, si se levanta usted de la mesa, le mira a los ojos y dice: *«Ven conmigo para estar un tiempo fuera de Juego»*, y él va. Si no lo hace, no tiene usted el control y por lo tanto no puede utilizar el tiempo fuera de juego en público.

~ ¿Está dispuesta a imponerle un tiempo fuera de juego?

Claro que sí. Es corto, indoloro y acostumbra a detener esa conducta.

~ ¿Es mínimo, o sea la elección más corta y menos punitiva?

Sí, un minuto por cada año de la edad del niño o menos, estará bien. En el caso de niños mayores, cinco minutos por una primera falta, será suficiente.

5. Una vez que haya elegido la consecuencia, dele un aviso. En este caso, puede usted evitar un empate (dele un momento a su hijo para que se siente y salve las apariencias) diciendo: «*Voy un momento a los servicios. Cuando regrese tienes que estar sentado o te pondré un tiempo fuera de juego.*»

6. Si cuando usted regresa él no está en su asiento, siga adelante con el Tiempo fuera de juego.

Los pasos para que un tiempo fuera de juego en público sea eficaz son:

~ Seleccione un lugar para el tiempo fuera de juego (los servicios, el coche, una esquina dentro o fuera del restaurante).

~ Acuda al lado de su hijo, mírele a los ojos y diga con firmeza: «*Ven conmigo para estar un Tiempo fuera de juego.*» Dé la vuelta y diríjase al servicio o salga del restaurante. Vaya despacio para que él pueda verla y seguirla. Puede tomarle de la mano pero, en general, es mejor no mantener ningún contacto físico.

~ Utilice el segundero de su reloj o —si ha tenido problemas en el pasado y espera más— lleve un avisador de cocina o un reloj de arena para cocer huevos.

~ Ignore todas las tácticas de diversión de su hijo (diseñadas para distraerla) como discusiones, quejas, murmullos y comentarios como: «¡Eso no es justo!», o preguntas como: «¿Por qué tengo que...?». Gire el cuerpo apartándolo ligeramente de su hijo o hija y concéntrese en cualquier otra cosa o persona.

~ Cuando el tiempo fuera de juego haya terminado, no le riña. Diga sencillamente: «*Tu tiempo fuera de juego ha terminado. Volvamos a la mesa*» y regrese tranquilamente a su asiento.

- Después de que el niño haya tomado asiento, espere un momento o dos y luego, invítele a volver a la familia, para demostrarle que no está enfadada y no le guarda resentimiento. Asegúrese de que ha llegado su comida, ofrézcale el pan y haga un comentario agradable a los demás, respecto a algo que haya hecho recientemente.

- Aproveche para perfeccionar su tiempo fuera de juego en casa; es uno de los secretos de que el tiempo fuera de juego en público sea eficaz.

7. Si el tiempo fuera de juego no ha funcionado a la hora de romper un patrón de mal comportamiento en los restaurantes, utilice la consecuencia de tomar a su hijo y abandonar el restaurante. Debe usted planearlo cuidadosamente con su pareja.

Piense en la eficacia potencial de esta consecuencia:

- ¿Abandonar el restaurante tiene algún significado para su hijo?

   La mayoría de niños preferiría no marcharse pero, sin embargo, es posible que su hijo sí quiera hacerlo y, en ese caso, irse sería una recompensa en lugar de una consecuencia eficaz. Si su hijo quiere quedarse en el restaurante, contrate una canguro que esté dispuesta a estar a la espera y elija un restaurante cerca de su casa para que, en el caso de un comportamiento espantoso, pueda dejar rápidamente a su hijo en casa y volver para disfrutar de su comida.

- ¿Tiene usted control sobre el hecho de abandonar el restaurante?

   La mayoría de niños no se quedarán en la mesa después de que el padre o la madre se haya puesto en pie y esté avanzando hacia la salida. Sin embargo, es posible que tenga usted que llevar en brazos al suyo. Si lo hace, siga demostrando calma y no le mire a los ojos.

- ¿Está usted dispuesta a abandonar el restaurante?

   Esto es difícil. Incluso si su hijo está arruinando la velada, puede que se sienta usted ambivalente respecto a irse. Para que un aviso sea eficaz, el niño debe creer que usted lo cumplirá. Si no está dispuesta a marcharse, no puede amenazar con hacerlo.

   Pero si se ha producido un patrón de comportamiento negativo, puede que no tenga usted otro recurso que interrumpir —temporalmente— la salida y dejar a su hijo en casa con una canguro. Las buenas noticias respecto a esta consecuencia es que acostumbra a causar una gran impresión en su hijo. No tendrá que hacerlo más de una vez y es muy eficaz para cambiar el comportamiento cuando se está en público.

~ ¿Se trata de una consecuencia mínima?

No es exageradamente punitiva para su hijo, a menos que sea su cumpleaños o alguna otra ocasión muy especial. Sin embargo, ¡puede ser punitivo para usted!

8. Si decidió utilizar esta consecuencia, el aviso sería: *Si rompes las reglas, te llevaré a casa y puedes comer con la canguro. Yo regresaré al restaurante.*

Si rompe las reglas, anuncie que va a llevarle a casa. Es posible que tenga que llevarle al coche o al medio de transporte que usted acostumbre a utilizar mientras chilla y patalea, así que hágalo con la mayor tranquilidad posible. Déjele con la canguro y regrese al restaurante. Asegúrese de que la canguro sabe cómo ignorar las rabietas, porque puede tener que enfrentarse a una de tamaño monumental, al menos hasta que usted haya desaparecido de la vista. Y asegúrese de que le prestará atención cuando, y sólo cuando, haya terminado la rabieta. Puede darle una cena ligera y jugar con él, por ejemplo. No debería haber una diversión o privilegios especiales, tampoco mimos o compasión.

9. Otra versión es que el padre o la madre esté dispuesto a abandonar la fiesta definitivamente y llevarse el niño a casa. Al llegar a ella, debería darle una cena rápida y acostarle (si es por la noche). Hay que evitar los buenos momentos y las discusiones largas. No debería existir ningún resultado positivo por haber arruinado su comida. Recuerde, en realidad su atención es una recompensa.

10. En ocasiones, un niño se ganará una consecuencia y luego prometerá rápidamente «Seré bueno» para evitar que usted se la proporcione. Puede usted aceptar esa promesa con una frase firme y de sonido agradable como: *«De acuerdo. Acepto tu promesa. Gracias.»* Si luego coopera, alábele y es probable que el resto de la comida sea bueno. Si no lo hace, siga adelante con la consecuencia original y ¡nunca vuelva a dejarse engañar por sus promesas!

11. Un pensamiento respecto a «no hay postre» (como consecuencia) o «si te comportas bien, tendrás postre» (como inspiración de un trato cuando/luego): aunque yo, en general, intentaría evitar la utilización de la comida como castigo o recompensa, si dispone usted de pocas consecuencias que tengan significado para su hijo, puede que esté desesperado: intente expresarlo de la manera siguiente: *«Si cooperas con nosotros en el restaurante durante la comida, nos quedaremos el tiempo suficiente para tomar postre»*, o *«Si sigues chillando, tendremos que irnos antes del postre»*. Esto hará que su postura sea muy clara sin parecer que se prometen dulces.

5

Unos modales espantosos cuando se está en compañía

El problema

Cuando van ustedes a casa de amigos o familiares (o cuando ellos les visitan a ustedes) su hijo es un fastidio y un incordio. Insiste en sentarse en una silla concreta que ya está ocupada, quiere comida de otro plato, le interrumpe continuamente con preguntas descorteses cuando está usted intentando hablar con su anciana tía, da patadas o muerde a los niños o a los adultos, monta todo un espectáculo con una pataleta en mitad de la salita, cada veinte minutos dice en voz alta «Estoy aburrido», le quita los juguetes (o tortura de cualquier otro modo) a su indefenso primo menor.

Lo único que usted quiere es ser el padre o la madre de un niño modelo durante un solo día o una sola tarde. ¿Es pedir demasiado?

Pensarlo de nuevo y bien

En público, ya sea un público compuesto de extraños, amigos o familiares, es frecuente que los niños muestren los malos comportamientos más creativos y desafiantes. De hecho, en estas circunstancias es frecuente que vea usted un comportamiento que su hijo o hija jamás, y quiero decir jamás, adoptaría de otro modo. Es como si nuestros hijos supieran que nos están juzgando por el delito de ser unos malos padres y tenemos enfrente el jurado más incompasivo y hostil del mundo.

En el caso de la familia, la presión está al máximo. Estamos nerviosos por ver a todo el mundo. Fantaseamos pensando que vamos a ponernos al corriente de todo y que los niños se llevarán perfectamente y que todos seremos una gran familia feliz. ¡ERROR!

Sí, tiene usted derecho a una reunión pacífica y sí, estas reuniones están llenas de estrés para los niños de todas las edades. Y cuando los niños están estresados nos exigen más y se comportan peor. Pero ningún miembro de la familia, por pequeño que sea, debería destrozar y arruinar el día para el resto de la familia. Y si usted no hace nada, será justo que su familia y sus amigos estén enojados.

Así que, ¿qué se puede hacer? Recuerde las virtudes de la preparación y del establecimiento de límites. Establezca una rutina de visita que tenga unas expectativas claras y que sus hijos puedan seguir y luego utilice sus herramientas de establecimientos de límites en las trincheras. Nadie le culpará si se pone al mando en una mala situación. De hecho, su familia puede que le tenga algo de temor reverencial y es seguro que le estarán agradecidos e incluso puede que le pidan consejo respecto a sus hijos.

Cómo conseguir un comportamiento perfecto
(¿Se conformaría con un comportamiento razonable?)

1. Cuando esté en su casa haga que su hijo sepa lo que es un comportamiento descortés y cuál será la consecuencia de ese comportamiento. Si mientras cena, él dice: «¡Puagh, qué malo es esto!» respóndale: *«Estás insultando la manera en que cocino y eso es descortés y maleducado. La próxima vez que seas descortés, dejarás la mesa durante tres minutos.»*

2. Cuando visiten a alguien en cualquier momento, tanto si es una visita corta para tomar café en casa de un vecino o para dejar algo en casa de un amigo, insista en que se comporte bien. Los viajes cortos sirven de práctica para los más largos. Establezca unas reglas claras y si las violan emita un aviso de una consecuencia, como la desaparición de un privilegio (sin televisión, sin postre, o irse pronto a la cama). Si su hijo empieza a cooperar, dele las gracias. Si no, siga adelante con la consecuencia. Para que lo entienda aún mejor, la próxima vez que vaya a hacer recados deje al niño con una canguro o con su pareja. Si su hijo le pide que le deje acompañarla, puede decirle:

La última vez que fuimos a la panadería te pasaste todo el tiempo —mientras yo estaba diciendo lo que quería— interrumpiéndome. Hoy tienes que quedarte en casa. El próximo sábado te daré otra oportunidad.

Puede que grite hasta que desaparezca usted de su vista, pero creo que en el futuro intentará hacerlo mejor cuando vayan a hacer recados. Y ese comportamiento mejor se transmitirá a otras salidas.

3. Si visitar las casas de los demás tiene tendencia a ser difícil para su hijo o si quiere usted eliminar el problema cuando se presente, evalúe el siguiente acontecimiento. Piense en estos y otros posibles problemas e intervenciones:

⁻ Si la fiesta empieza durante la hora de la siesta de su niño, llegue tarde después de que ya la haya hecho, o lo bastante pronto para que él pueda hacer la siesta por el camino o antes de que llegue la familia.

⁻ Si la fiesta empieza más tarde de su hora de comer, lleve algo de comer en el coche o una bolsa con su comida para cuando él la necesite.

⁻ Si la reunión se celebra alrededor de una mesa de comedor, encienda velas. Una habitación débilmente iluminada acostumbra a tener un efecto calmante en los niños. Y como resulta que les encanta apagar las velas soplando, utilice este trato de cuando/luego: *«El que se acuerde de utilizar sus buenos modales en la cena de esta noche tendrá permiso para soplar las velas y apagarlas.»* (Si hay más de dos niños que se hayan comportado excepcionalmente bien, vuelva a encender las velas para un segundo turno de soplidos.) Sea concreto respecto a lo que para usted son «buenos modales». Por ejemplo, no se toman cosas sin pedirlas, se mastica con la boca cerrada, y se queda uno sentado mientras se cena.

⁻ Si el primo Alberto odia compartir sus juguetes, lleve consigo algunos de los juguetes de su hijo. Elija juguetes que él esté dispuesto a compartir con Alberto, juguetes que puedan perderse o estropearse sin que ello ocasione ningún gran trauma.

⁻ Si su hijo o hija tiene esa edad en la que odia compartir a su mami o a su papi, y usted está esperando ansiosamente tener tiempo para hablar con la tía Margarita, «soborne» a un primo mayor para que juegue con él durante una hora o dos, y alquile un vídeo que le guste mucho para después de la cena.

⁻ Si la fiesta va a durar hasta después de su hora habitual de irse a la cama, lleve consigo un saco de dormir, su pijama, su cepillo de dientes y su oso de peluche. Puede ponerse a dormir a su hora habitual o cuando se sienta cansado y malhumorado. O puede usted decidir marcharse pronto y arroparle en el coche, listo para dejarlo en su cama al llegar a casa.

- Si su plan es poner a su hijo a dormir mientras la fiesta sigue, el padre y la madre deberían pasar por separado algún «tiempo de buenas noches», relativamente breve y relajado, para que siga, lo más posible, su rutina normal de cuentos, nanas y demás.

- Si a su hijo no le gustan sus primos o al revés, inspire la cooperación con un trato de cuando/luego: *Eh, si esta noche eres capaz de llevarte bien con tus primos, dejaré que un amigo tuyo se quede a dormir en casa, mañana por la noche.* En caso de que los niños necesiten jugar por separado, lleve consigo libros u otras cosas para jugar en solitario, como un juego de cartas para hacer solitarios, casetes de música o material para dibujar y pintar.

- Si planea visitar a un amigo o pariente al que su hijo aún no conoce, prepárele lo mejor que pueda dejando que sepa lo que puede esperar. Unas cuantas charlas cortas pueden incluir este tipo de información.

El primo Luis vive en una casa de dos plantas y sótano. Habrá mucha gente que cocinará, comerá y hablará. Es probable que tus tías quieran besarte y a ti no tiene porqué gustarte.

Al tío Mauricio le gusta mucho la lucha libre. Es probable que te guste mucho practicar con él, pero si te hace demasiadas cosquillas dile que no te gusta o llámame. Cuando éramos niños acostumbraba a hacerme muchas cosquillas.

Puede que te aburras hasta que lleguen los primos mayores. Llévate un par de libros y tus auriculares, ¿no?

4. Establezca las reglas antes de salir. Elija las tres más importantes y haga que su hijo las comprenda claramente:

No pongas los pies encima de los muebles.

Si tu tía te da comida que no te gusta, no lo digas en voz alta, limítate a dejarla en el plato.

Si necesitas interrumpir, haz el favor de decir «Perdón».

Si sigue las reglas, susúrrele un elogio al oído o levante el pulgar o dele un gran abrazo por haberse comportado de manera sensacional durante la visita.

5. Dígale a su hijo los temas familiares que son tabú o «privados», o sea, que pueden avergonzar o hacer daño a alguien si se sacan a relucir, como el embarazo de una prima adolescente, la pérdida de cabello que la quimioterapia le ha ocasionado al tío Ramón, o las riñas que se producen entre una pareja que está a punto de divorciarse. Dígale que si siente curiosidad, o está preocupado o asustado, a usted le encantará hablar con él, en privado, de lo que le preocupa.

6. Si sus familiares tienen un estilo similar al suyo, deles permiso para establecer límites. En ocasiones es más fácil delegar en ellos. Aun mejor que el que usted diga: «La tía Nora no permite que se salte encima de los muebles. Si lo vuelves a hacer, tendrás que jugar fuera de la casa», haga que la tía Nora diga: *«Si saltas encima de los muebles en mi casa, tendrás que jugar fuera durante quince minutos.»* Lo más probable es que a Nora le encante que usted respete sus reglas y se habrá usted librado un poco del problema.

7. Antes de un gran acontecimiento, digamos una boda, que la ponga nerviosa, haga una o dos pruebas. Cualquier acontecimiento poco estresante, como una comida informal que ofrece una amiga íntima, un paseo relajado en domingo con los vecinos, o una tarde de barbacoa en el parque, pueden proporcionarle una oportunidad perfecta para practicar un comportamiento razonable. Haga la prueba siguiendo estas directrices:

~ Recuérdele las reglas (tres es un buen número) a su hijo:

Ten las manos quietas con Tony.

No tires de la cola al gato ni persigas al perro.

No salgas del patio de los Pérez sin pedir permiso a papá o a mamá.

~ Dé un aviso de una consecuencia (vea la definición de una consecuencia eficaz en el glosario), por ejemplo:

Recuerda que si no cumples las reglas, te acostarás media hora antes de lo habitual.

~ Alabe a su hijo si cumple cualquiera de las reglas:

¡Vaya, qué bien estáis jugando juntos! ¡Gracias!

Qué amable y bueno eres con Julio.

Estuvo muy bien que recordaras que había que pedir permiso antes de ir al parque.

- Si rompe una regla, pase directamente a la consecuencia:

Saliste de casa sin pedir permiso. Esta noche, la hora de acostarse serán las 9 en punto.

- Haga otra prueba antes del gran acontecimiento, como una reunión informal en su casa y, otra vez, anuncie la consecuencia de infringir cualquiera de las reglas. Elija una consecuencia que sea usted capaz de poner en práctica mientras se celebra la fiesta y si su hijo se la merece, hágasela llegar. La prueba le proporcionará confianza en público y hará que su hijo reciba el valioso mensaje de: «Mi padre (o mi madre) hablan en serio».

8. Si se ha preparado para la salida tal como yo he sugerido, puede encontrarse con que su hijo está, realmente, a la altura de la ocasión y se comporta bien porque usted se ha preparado para lo peor.

En mi consulta privada es frecuente que los clientes hablen de situaciones que les atemorizan como cuando se acercan reuniones familiares. Repasamos lo que les preocupa y luego preparamos diferentes estrategias para manejar a gente o situaciones difíciles. A continuación, hacemos prácticas juntos de cara al acontecimiento venidero. Por ejemplo, una mujer planeará ignorar —cambiando de tema— los nada amables comentarios de su padre referentes a su esposo. Si su padre sigue haciéndolos, tiene planeado salir de la habitación con toda la calma del mundo. Es frecuente que después de la visita, el cliente regrese diciendo algo parecido a: «Esta vez, papá no fue tan malo.»

Estoy convencida de que parte del motivo de que «papá no fuera tan malo» es que notó un cambio no expresado verbalmente pero perceptible, en su hija. En esta ocasión estaba preparada para enfrentarse a él si se ponía insultante o maleducado y no iba a tolerarlo.

Del mismo modo, sus preparaciones pueden transmitirle a su hijo el mensaje de que los comportamientos agresivos o mal educados no se tolerarán. Sus mensajes, hablados o no, son comunicados a su hijo y pueden afectar a su comportamiento.

Si, a pesar de todas las preparaciones, se quebranta una regla, siga adelante con sus planes de establecimiento de límites.

Cómo decir no y mantenerlo

1. Como resulta que esta salida es un placer para usted —o usted confiaba en que lo sería— no haga que su día o su noche sea más corto en respuesta a la rabieta de su hijo. Es posible que tenga que sufrir la consecuencia de irse pronto a la cama, que le rebajen su asignación, que no pueda ver su programa favorito de televisión, o que se quede sin postre (si ésa es la única consecuencia que tiene usted a mano). ¡No recompense jamás un comportamiento espantoso castigándose a sí misma!

2. Si necesita una consecuencia inmediata, portátil y válida para todos los propósitos, pruebe a utilizar el tiempo fuera de juego (vea el glosario) que cumple todos los criterios de una consecuencia eficaz:

- ~ Tiene significado para el niño (los niños acostumbran a odiarla).
- ~ Los padres acostumbran a ser capaces de conseguir que su hijo o hija cumpla su tiempo fuera de juego (por que tienen el control necesario).
- ~ Los padres están dispuestos a imponer el tiempo fuera de juego (no es exageradamente punitivo).
- ~ El tiempo fuera de juego es mínimo (es breve e inmediato).

3. Recuerde las reglas a su hijo y avísele de que si infringe una regla se ganará un tiempo fuera de juego.

4. Si su hijo coopera cumpliendo las reglas alábele, pero si infringe una, hágale salir del área donde se encuentra la familia (o si es necesario sáquelo usted con calma) y dele un tiempo fuera de juego. Si necesita quedarse con él para que no se asuste, hágalo, pero dese la vuelta y no interactúe con él. No necesita usted exigirle que esté en silencio sino únicamente que se quede en la silla durante un tiempo corto que ya habrá especificado.

5. Si se niega a permanecer en la silla, utilice una habitación que no tenga un potencial de diversión o de peligro. Acompáñele a la habitación, deje la puerta entornada y espere fuera, junto a la misma, el número apropiado de minutos (dos minutos está bien para un niño o niña de entre dos a seis años

de edad). Utilice su reloj o, si es posible, un avisador de cocina. Cuando el avisador suene sólo tiene que invitarle a regresar a la familia: *Tu tiempo fuera de juego ha terminado. Ya puedes volver a unirte a la familia.*

6. No le riña o le recuerde sus transgresiones. Limpie la pizarra y empiece desde cero. Si él se queda sentado enfurruñado y se niega a moverse del lugar en que se encuentra, dígale —con un tono de voz agradable y no punitivo— dónde va a estar usted: *Estaré sentada con Nina en el salón.*

7. Cada vez que ese día, o los días subsiguientes de un viaje más largo, repita la infracción, se volverá a ganar otro tiempo fuera de juego. Puede incrementar el tiempo ligeramente.

8. Recuerde que, incluso más que en su vida diaria en casa, en los viajes de cualquier duración, sus hijos necesitan tener unas expectativas claras y que se les fijen los límites de una manera firme y justa.

Por su propio bien

Imagínese a nuestros hijos llevando la vida que ellos elegirían. Unas largas vacaciones repletas de comida basura y de cintas de vídeo, mientras la civilización se va desmoronando a nuestro alrededor. Enfrentémonos a ello, amigos, no podemos dejarles que se valgan por sí mismos.

6

La resistencia a la hora de acostarse

El problema

Su hijo se niega a irse a la cama y a quedarse en ella. Se levanta o la llama para que acuda a su lado, pide agua, dice que tiene hambre, insiste en que no está cansado, dice que sus amigos no tienen que acostarse tan pronto, quiere leer o jugar, dice que está enfermo (cosa que no es cierta), le suplica que le deje dormir con usted, o se limita a llorar y a gritar para que se le deje levantarse de la cama. Lo que usted quiere es paz y tranquilidad y una buena noche de sueño. Usted quiere que su hijo se vaya a la cama, permanezca en ella e incluso puede que quiera que se duerma a una hora razonable.

Pensarlo de nuevo y bien

Los niños necesitan disfrutar de una buena noche de sueño (¡y lo mismo les sucede a los padres!) y parece que les va mejor con una rutina normal y predecible a la hora de acostarse y con una noche de sueño en su propia cama. La mayoría de padres me informan de que sus hijos no duermen hasta tarde cuando se han quedado levantados hasta altas horas y, por lo tanto, no «compensan» una noche de poco sueño de la misma manera que hacemos los adultos. Se despiertan casi a la misma hora, irritables y malhumorados. Sus relojes internos no son despertadores sino relojes de sol, ya que parece que se despiertan según la cantidad de luz que entra en su habitación y no cuando sus cuerpos están descansados.

Para que su hijo reciba un mensaje claro respecto a la hora de irse a la cama, padre y madre deben estar de acuerdo y enviar el mismo mensaje claro: «Queremos que te vayas a la cama y te quedes en ella». Sin embargo, es posible que usted y su pareja no estén de acuerdo. Puede que a usted le guste que la hora de acostarse sea siempre la misma, mientras que su pareja cree que un niño se queda dormido cuando lo necesita. O puede que usted quiera que se acueste pronto, mientras que su pareja quiere poder jugar más tiempo con el pequeñajo después de cenar. Puede que a usted no le importe que su niño, que está empezando a andar, pase a su cama a la mitad de la noche, pero puede que su pareja piense de otro modo. El primer paso para solucionar el problema de la hora de acostarse es, por lo tanto, que ustedes dos hablen de ello y lleguen a un plan con el que los dos puedan vivir y llegar, siempre, a buen término.

Le servirá de ayuda preguntarle a su pediatra cuántas horas de sueño recomienda para su hijo, teniendo en consideración los propios patrones del niño, ya que es posible que necesite dormir más o menos que otros niños de su edad y tamaño. También pueden ayudarle las observaciones de los maestros de su hijo. ¿Cómo le va en la escuela? Por las mañanas, ¿está alerta o soñoliento?

Una vez que haya averiguado lo que sería ideal que durmiera su hijo, establezca una hora fija de acostarse. Hágalo lo mejor posible, teniendo en cuenta la hora en que llega usted a casa después del trabajo. Aligere la preparación de la cena o el tiempo que dedica al baño. Elimine completamente el tiempo de televisión durante la semana (excepto si eso le ayuda a poner la cena en la mesa o a un hermano más joven en la cama). Haga que su hijo haga los deberes en cuanto llegue a casa o en la guardería de después de la escuela (usted puede repasar el trabajo después de cenar). Su objetivo es permitir que su hijo se acueste a la hora en que su cuerpo lo necesita, que la familia tenga el tiempo que todos ustedes necesitan y el tiempo personal que usted y su pareja necesitan.

Cómo conseguir que su hijo se vaya a la cama

1. Haga un plan para la tarde/noche. Vaya trabajando hacia atrás partiendo del momento en que usted quiere que se «apaguen las luces, de verdad». Anote lo que usted necesita hacer y el momento en que esas tareas tienen que iniciarse o terminarse. Sea realista en cuanto a las asignaciones de tiempo. Si cree que puede hacerlo en cinco minutos, concédale ocho.

Un niño que empieza a andar puede tener la siguiente rutina de acostarse:

Baño a las 7.30
Ponerse el pijama y lavarse los dientes a las 7.50
Cuentos o nanas a las 8.00
Dar las buenas noches a la familia y a los «amigos» del dormitorio a las 8.15
Último sorbo de agua a las 8.18
Mamá y papá salen de la habitación a las 8.20

Un niño en edad escolar puede tener esta rutina:

Cenado y con los deberes hechos a las 8.15
Aseado, dientes limpios y pijama puesto a las 8.30
Lectura, juegos o televisión hasta las 8.58
En la cama a las 9.00
Leer solo o con el padre o la madre y luego buenas noches a las 9.29
Luces apagadas a las 9.30

O una hora más tarde, según la edad.

Tenga en cuenta cualquier cosa que usted y sus hijos necesiten hacer para estar preparados para la escuela o la guardería por la mañana: preparar la mochila, preparar la comida para llevar a la escuela, seleccionar y dejar preparada la ropa, guardar los juguetes, y demás.

Puede colocar cuatro o cinco de las tareas expresadas en palabras o en imágenes en la puerta de la nevera o en la de su habitación para ayudarle a captar la idea del plan de cada noche, pero no espere que su hijo organice solo su tiempo. Después de todo, su horario puede que sea bueno para él pero sigue siendo su horario. No se sentirá motivado para acordarse de él y necesitará recordatorios.

2. Una vez que haya planeado su horario, aténgase a él. Cuando su hijo es pequeño es más fácil ser firme, pero cuando tenga edad de ir a la escuela tendrá más deberes, se resistirá a acostarse cuando sigue habiendo luz fuera, habrá programas de televisión que querrá ver y debatirá: «¡Pero mis amigos se quedan levantados hasta las 10 y media!» Prepare un plan cuando su hijo sea pequeño y luego vaya ajustándolo de manera apropiada a medida que se vaya haciendo mayor.

3. Inserte un tiempo tranquilo y corto dedicado a la familia, como leer, ver la televisión o jugar a un juego favorito, entre lo de ponerse el pijama, cepillarse los dientes, etcétera e irse a la cama. A sus hijos les inspirará mucho más oír: *«¡Venga chicos, poneos los pijamas y lavaos los dientes y os dejo subir a mi cama para contaros cuentos!»* que no: «¡Venga chicos, poneos los pijamas y lavaos los dientes y a la cama!»

O si no puede permitirse ese tiempo extra, utilice un trato de cuando/luego, con la oferta de una actividad divertida y solitaria que le ayude a cumplir el horario: *«Cuando estés listo para irte a la cama —y eso quiere decir con el pijama puesto, los dientes lavados y la mochila preparada— puedes dibujar, jugar al solitario, o clasificar tus tebeos durante veinte minutos.»*

4. Haga un anuncio unos cuantos minutos antes de los momentos de transición, o sea los momentos en que necesite usted interrumpir el juego o la lectura de su hijo. Un anuncio puede ser: *«Dentro de cinco minutos será hora de que guardes tus juguetes y te laves los dientes»*, o: *«Tienes cinco minutos más de tiempo para leer antes de apagar la luz.»*

5. No insista en dejar las luces encendidas o apagadas, la puerta abierta o cerrada, o incluso la ropa de cama subida hasta arriba cuando hace frío o bajada cuando hacer calor. Éste es un momento para que elija sus batallas. Usted no necesita ganar cada escaramuza y su hijo puede que necesite una pequeña victoria para guardar las apariencias, al final del día. Después de que se haya dormido puede taparle, encender la luz de noche, o abrir la puerta.

6. No se quede en la habitación de su hijo esperando a que se duerma. Es fácil empezar la costumbre de estirarse en la cama con su hijo o sentarse en su cama. Para el es reconfortante y relajante para usted. Sin embargo, muchos problemas de sueño de los niños surgen de su incapacidad para quedarse dormidos solos. Incluso un bebé necesita aprender a dormirse sin ayuda.

7. Evite crear un ritual de acostarse que incluya demasiados pasos. Una familia tenía toda una hora de «buenas noches» que incluía beber agua, muchos minutos de rascarle la espalda, un libro o dos, un «cuento sin páginas» (un nombre encantador para un cuento inventado) y la madre sentada en la habitación hasta que el niño se dormía. Una vez que los padres estuvieron de acuerdo en que necesitaban un cambio, tuvieron éxito al «destetar» a su hijo y pasar, de toda una hora de «buenas noches» a sólo veinte minutos.

De la misma manera, evite largos periodos de rascar o frotar la espalda. Claro que dos minutos, o cinco o diez está bien, pero si cada noche su hijo exige que se siente usted en su cama durante media hora o más, hasta que se duerme, eso es ir demasiado lejos.

8. Evite que su hijo se quede a dormir por la noche en su cama. Empieza de una manera completamente inocente: ese puñadito de carne sonrosada que es su bebé y esa mamá tan absurdamente cansada. ¿Quién sería capaz de desterrar a un bebé a su propia habitación? Pero los días se convierten en meses con mucha rapidez. Y pronto lo que pasan son los años y su hombrecito se encuentra en alguna parte desde el continuo estar siempre en la cama de los padres a estarlo con frecuencia.

A medida que su hijo o hija se va haciendo mayor es más difícil romper las costumbres relativas a la hora de acostarse. Recomiendo que, siempre que sea posible, su bebé duerma en su propia cama. Si se duerme mientras usted le alimenta, póngale en su cuna después de haberle hecho eructar. Ambos necesitan tener la costumbre de devolver al bebé a su cama, incluso si empieza a dormirse fuera de ella con usted.

Si, como sucede con algunas familias, disfruta usted con el concepto de «cama de familia» en la que los bebés y los niños que empiezan a andar pasan la noche, tenga presente que, en algún momento, necesitará recuperar su intimidad y su hijo tendrá que aprender a ser independiente y a prescindir de usted por las noches.

9. No le haga cosquillas o luche con él o realice cualquier otra actividad estimulante justo antes de que se vaya a la cama. Su hijo se pondrá muy nervioso y acostarse será mucho más difícil. Practiquen la lucha libre a primera hora de la tarde o, mejor aún, por la mañana.

10. A todo el mundo le gusta que le arropen en la cama y le den un beso de buenas noches. Así que antes de apagar definitivamente la luz, acuda al lado de la cama de su hijo. Si éste sigue levantándose, olvídese de volver a arroparle y de darle otro beso de buenas noches. ¡Eso sólo se consigue una vez por noche!

11. En cualquier fase de la rutina de acostarse con la que su hijo cumpla, alábele. Por ejemplo:

¡Vaya! ¡Te has desnudado deprisa esta noche!

Gracias por poner tu ropa en el cesto de la ropa sucia.

Ayer por la noche te quedaste en la cama después de que yo te diera las buenas noches. ¡Estupendo!

Cómo decir no y mantenerlo

1. Si las costumbres que tiene su hijo respecto a acostarse no son, en modo alguno, las mejores (o si necesita usted volver a la rutina habitual después de un periodo de enfermedad o cualquier otro acontecimiento estresante), tenga con él una pequeña reunión de familia y dígale que va a haber un cambio. Por ejemplo, si dentro de poco va a ser su cumpleaños puede decirle: *«El mes que viene vas a cumplir cuatro años. Y cuando se tienen cuatro años ya está uno preparado para irse a dormir sin que mamá o papá se queden sentados al lado de la cama hasta que uno se queda dormido.»*

Después de que haya cumplido los cuatro años (o los que sean), hágale memoria de la conversación que habían tenido y ponga en práctica el cambio. Anuncie: *«Me quedaré contigo un poco pero luego tengo que ir a telefonear (a lavar los platos, a ver a papá...). Luego volveré para ver si estás bien. Pronto aprenderás a dormirte estando solo.»*

Utilice un procedimiento parecido al destete para acortar el tiempo que se queda usted sentada junto a él. Los pasos pueden ser:

- Quédese hasta que esté casi dormido. Dele un beso suave y diga: *«Ahora tengo que ir a hablar con papá y volveré a ver cómo estás en unos minutos. Buenas noches, cariño.»*

- Regrese, periódicamente, a la habitación hasta que se duerma. Dígale una o dos palabras en voz baja o déle una suave palmadita en la espalda. Si discute, llora o se queja, dígale: *«Si eres capaz de quedarte acostado tranquilamente, volveré de vez en cuando a ver cómo estás, pero si armas algún alboroto, no lo haré.»*

- Vaya reduciendo, poco a poco, la cantidad de tiempo que se pasa sentada al lado de su cama hasta que él pueda soportar cinco minutos. Prometa que volverá a ver cómo está al cabo de poco y dígale amable pero firmemente: *«Buenas noches.»*

2. Cada vez que sea hora de acostarse dé una orden clara:

Ahora debes quedarte en la cama y estar callado. Buenas noches, cariño.

3. Si sale de la cama, recuérdele:

Vuelve a la cama y quédate allí.

4. Si la llama, llora o grita, dígale que va a ignorar sus llamadas:

Es hora de irse a dormir. Has bebido tu agua, te he contado un cuento, te he dado un beso y un abrazo. Si vuelves a llamarme, no te voy a contestar.

Si se queda tranquilamente en la cama durante diez minutos, puede ir de puntillas y darle un beso extra. Diga: *«Lo estás haciendo estupendamente. Hasta mañana.»* Si ve que regresar para alabarle le espabila, ¡no lo haga!

5. Si sigue levantándose de la cama, dispone usted de tres herramientas que pueden ayudarla a ignorarle:

- Acompañe a su hijo tranquilamente a la cama o llévele en brazos. Y recalco el adverbio «tranquilamente» porque su ira y su frustración no le inducirán al sueño. No le hable, no le mime o interactúe en modo alguno. No le mire a los ojos hasta que le haya vuelto a poner en la cama y le ordene de forma tranquila pero firme: *«Quédate en la cama.»* Regrese a lo que estaba usted haciendo y, si es necesario, repita esta operación hasta que él se rinda. (Siga repitiéndose: *«Puedo ignorarle, puedo ignorarle, puedo ignorarle.»*)

- Pruebe la técnica del disco rayado. Cuando su hijo entre en la habitación, mírele a los ojos y diga: *«Vuelve a la cama.»* Responda a cada argumento con la misma frase exacta *«Vuelve a la cama.»* No diga otra cosa que no sea *«Vuelve a la cama»* hasta que él se sienta frustrado y se marche pataleando. Si vuelve de nuevo, repítalo. Ignore los llantos o los chillidos que pueden producirse durante un par de noches hasta que él reciba y comprenda el mensaje.

- Ignore completamente su presencia. Digamos que ha entrado en la sala de estar. No le mire. No conteste preguntas, no grite, no le riña. Concéntrese en cualquier otra cosa, como el periódico o la conversación con su pareja. Si usted y todos los demás adultos de la habitación hacen esto, lo más probable es que abandone esa atmósfera tan poco acogedora y vuelva a meterse en la cama, o se quede dormido a sus pies.

Sin embargo, tenga en cuenta que el ignorarle no funcionará si tiene usted encendido el televisor porque es posible que él se limite a quedarse a mirarlo.

6. Si lo que hace es montar una pataleta monumental, ignórele como si su vida dependiera de ello. Le prometo que no tendrá que hacerlo muchas noches. Planee, por anticipado, que pasará una noche manteniéndose firme e ignorándole hasta que caiga dormido. Inicie la reforma en un viernes por la noche. Prepare una novela sensacional, una revista llena de cotilleos o de crucigramas. Cualquier cosa que pueda captar su atención. La noche antes procure dormir muchísimo. Si lo necesita, utilice tapones para los oídos. Permanezca concentrada en su libro o proyecto, o hágalo ver. Repítase: *«Puedo aguantar más que él. Sólo durará una o dos noches y yo puedo hacerlo.»*

Repita el mismo proceso cada noche, hasta que su hijo vea que no tiene más remedio que hacer lo que se le dice.

7. Si enciende la luz y sigue jugando o leyendo, entre en su habitación y con calma pero con firmeza, repita la orden: *«Es hora de que apagues la luz.»* Déjele un momento o dos para que la apague por sí solo, pero si no lo hace diga: *«¿Apagarás la luz o lo hago yo?»* Puede que lo haga aunque sea refunfuñando, pero si no lo hace, apáguela usted e ignore los gritos subsiguientes.

8. Si intenta regatear o llegar a un acuerdo para acostarse más tarde, dígale: *«Es demasiado tarde para decidirlo hoy. Me encantará hablar de ello contigo mañana. Buenas noches.»* Responda a cualquier otro comentario diciendo: *«La discusión se ha terminado, buenas noches.»*

Está claro que, al día siguiente, cuando él saque el tema a relucir pueden hablar del asunto. Quizá deseen hablar con el pediatra para ver qué hora recomienda. Si el problema es que su hijo está malhumorado por las mañanas puede ofrecerle un trato de cuando/luego: *«Esta noche vamos a hacer la prueba de que te acuestes a las nueve y media. Si mañana te despiertas fácilmente y te preparas para ir a la escuela y llegas puntual, sabré que puedes acostarte a las nueve y media. Si no, sabremos que todavía necesitas esa media hora extra de descanso.»*

9. Si sigue discutiendo o resistiéndose, dele un aviso de una consecuencia, como: *«Los mismos minutos que hoy sigas levantado después de tu hora normal*

de irte a la cama, son los que mañana te acostarás más temprano.» Sin embargo, asegúrese de cumplirlo.

10. Si su preocupación principal es la de conseguir algo de tiempo personal como adulto, es posible que piense en permitir que se quede levantado —en su habitación— leyendo o jugando sosegadamente durante quince o veinte minutos. Realmente es posible que usted esté contenta con que su hijo descanse durante ese tiempo a pesar de que no duerma. Dígale que está usted «libre de servicio» como padre o madre (excepto, por supuesto, las posibles emergencias).

11. Si su hijo se despierta de una pesadilla y la llama, acuda usted en lugar de permitir que sea él quien acuda. Quédese un poco con él para tranquilizarle pero vuelva luego a su cama, sola. Intente no acostumbrarse a quedarse dormida en su cama porque, se lo repito, eso no haría más que incrementar su dependencia de usted.

Cuando mis hijos acudían a mi habitación diciendo que tenían pesadillas y pedían quedarse a dormir conmigo, yo les decía: *«Puedes quedarte a hacerme una visita de unos minutos, pero luego voy a tener que llevarte de vuelta a tu habitación.»* Así eran capaces de aceptar el traslado a sus propias camas, cinco minutos más tarde. Sin embargo, el peligro es que durante ese par de minutos puede usted quedarse dormida. ¡Utilice esta técnica con una precaución extraordinaria!

12. Cuando su hijo se vaya a la cama puntualmente, alábele. Por la mañana felicítele o, según la edad que tenga, hable de ello sin parar con la familia. Puede tener preparado un cuadro de buen comportamiento y podría ponerle una estrella en él e incluso puede que quiera darle una pequeña recompensa o privilegio. Atención: la recompensa no puede ser acostarse tarde la noche siguiente.

13. En el mercado hay libros excelentes sobre el sueño para niños y bebés a los que les cuesta muchísimo dormir.

7

La resistencia a los deberes

El problema

Su hijo se resiste a hacer los deberes escolares. Se olvida de ellos o dice que no tiene, se deja los libros en la escuela, retrasa hasta límites increíbles el hacerlos o los hace de un modo descuidado, se olvida de colocar el trabajo terminado en su mochila, o no se lo entrega al maestro.

Lo que usted quiere es que su hijo o hija sea responsable de su trabajo. ¿Es demasiado pedir?

Pensarlo de nuevo y bien

Usted quiere hacer su trabajo como padre o madre, pero está harta de tener que regañar a su hijo por sus deberes. Incluso si está dispuesta a persuadirle con paciencia o halagos para que haga sus deberes diarios ya empieza a estar cansada de que, alguna que otra vez, se despierte aterrorizado gritando: «Me quiero morir. ¡Me olvidé de que hoy teníamos un examen de ciencias sociales».

Usted se pregunta: «¿Debería sacarle de apuros?» La capital de Uruguay le viene a la memoria, pero cuáles son las principales exportaciones: ¿el maíz o el café, la bauxita o los plátanos? Escucha un gemido: «¡Y no traje el libro a casa!» Incluso si quisiera ayudarle, no puede.

Y para empeorar aún más las cosas parece que cada maestro transmite un mensaje diferente respecto a los deberes. Su maestra de primer grado no creía en ellos y la segunda que tuvo lo sobrecargaba. La maestra de tercer grado pone deberes, pero si un niño no los termina dice dulcemente: «Está bien, tendrás tiempo de hacerlos en clase.» Usted ha oído rumores de que la maestra del año próximo es muy dura con los niños que no terminan los deberes.

Para que su hijo crea que el trabajo de la escuela es importante, necesita recibir un mensaje claro procedente de sus padres. Pero es posible que usted y su pareja no piensen lo mismo de los deberes. Él o ella no fue un estudiante sensacional y dice: «Después de todo yo he salido bien. Dale tiempo.» O: «El trabajo de la escuela debería hacerse en la escuela porque después de salir de clase es hora de jugar.» No se trata de que su pareja no tenga razón sino de que los dos deben llegar a un acuerdo. Si cualquiera de los dos tuvo la suerte de tener éxito a pesar de tener problemas en la escuela, es la excepción de la regla (y además eso fue en los viejos y buenos tiempos).

Una de las ventajas de que un niño haga deberes es que le da la oportunidad de desarrollar la responsabilidad en un entorno fuera del hogar. Recuerde que los deberes, la organización de los materiales, la recogida de información y hacer un presupuesto temporal son sólo algunas de las muchas habilidades importantes que necesitará a lo largo de toda su vida. ¡Anímese! No todo el peso recae en sus hombros, los maestros lo comparten.

Lo que es seguro es que su hijo necesita una buena educación y para que la consiga, más pronto o más tarde, va a tener que dar la cara y ser responsable de su trabajo tanto en casa como en la escuela. Veamos algunas maneras de que pueda usted ayudarle a desarrollar unas costumbres responsable respecto a la escuela.

Cómo conseguir no tener que bregar para que haga los deberes

1 Desde una edad muy temprana en la vida escolar de su hijo, dele ejemplo tomando muy en serio su trabajo. Hay varias maneras de indicarle lo muy importante que es la escuela:

- Pregúntele como le ha ido el día. Puede que tenga que ser algo creativa porque las preguntas normales: «¿Cómo fue la escuela?» o «¿Qué sucedió hoy en la escuela»? reciben, respectivamente, las respuestas «Bien» y «Nada». Para conseguir exprimir un poco la memoria, pregunte:

«¿Ha sucedido algo extraño (divertido, que diera miedo, terrible, tonto, nuevo, desagradable, aburrido) hoy en la escuela?»

- Si no puede conocer en persona a la maestra, hágalo por teléfono. Es frecuente que los maestros estén dispuestos a adaptarse a los horarios de los padres y a pesar de que puede resultarle inconveniente, acostumbran a agradecer el interés.

- Asista a los actos y actividades escolares con tanta frecuencia como le sea posible. Cuando los padres se involucran los niños se benefician. La mayoría de actos se celebran durante el día, pero como cada vez son más los padres que trabajan a tiempo completo, muchas escuelas están intentando programar más actos nocturnos.

2. Podrá transmitir el mensaje de que la escuela y, por lo tanto, el trabajo de la escuela es importante si insiste en que su hijo se vaya pronto a la cama (para dormir lo suficiente para ir a la escuela), llegar puntual, vestirse de manera apropiada (de acuerdo con las normas de la escuela) y llevar las herramientas que necesita en perfecto estado (mochila/cartera, lápices, libros, deberes, etcétera).

3. Fije una hora habitual para hacer los deberes. Lo ideal es después de salir de la escuela. Los niños trabajan de una manera más eficiente y siguen llenos de energía a las cinco o seis de la tarde. Sería sensacional que su hijo asistiera a un programa para después de la escuela en el que pudiera empezar sus deberes. Pero si todo el mundo llega a casa a las seis o más tarde, haga que su hijo empiece a hacerlos mientras preparar la cena.

4. Ponga en práctica la regla, como el trato de cuando/luego: *«Primero trabaja y luego juega.»* Insista en que su hijo complete el trabajo antes de salir a jugar, ver la televisión, o hablar por teléfono porque de lo contrario será mucho más difícil conseguir que se ponga a trabajar. Si su hijo tiene montones de deberes y usted quiere que tenga algo de tiempo para jugar, hágale trabajar durante una hora, déjele jugar otra hora y que luego termine los deberes.

No tenga miedo de eliminar completamente la televisión durante la semana porque reduce las confrontaciones nocturnas. O adquiera un grabador/reproductor de vídeo para grabar los programas favoritos. Los fines de semana y después de hacer las tareas, utilice los programas grabados. Podrá pasar rápidamente la publicidad, así que piense en el tiempo que ahorra y en el montón de anuncios que se evita.

5. Deje bien clara la importancia de los deberes estableciendo un lugar fijo en el que su hijo pueda trabajar. A mí me gusta la mesa de la cocina o del comedor porque acostumbra a ser el centro del hogar y, además, los niños pueden sentirse algo aislados en su habitación. Más de una familia se ha tomado el trabajo de comprar una mesa, una lámpara y demás y lo ha colocado todo en el dormitorio, sólo para averiguar que su hijo prefiere estar con la familia. Siempre que él sea capaz de trabajar en medio de algo de distracción, la mesa de la cocina funciona estupendamente. Cuando ya tienen once o doce años es posible que prefieran estudiar en su habitación, lo que no tiene nada de malo si tiene cuidado de que no aparezca la televisión o cualquier otra interferencia electrónica.

6. Proporcione a su hijo las herramientas necesarias. Coloque en un cajón o una caja que esté cerca del lugar en que va a hacer los deberes, los lápices, plumas, rotuladores, goma de borrar, grapadora, pegamento, papel, cinta adhesiva, un diccionario, una regla, un afilador de lápices, etcétera. Insista en que guarde sus materiales en el cajón para que siempre estén a punto para utilizarlos en los deberes.

7. Durante los primeros días de escuela, averigüe qué es lo que espera la maestra de su hijo respecto a los deberes. Si no le es posible verla en persona, telefonéele o envíele una carta, a través de su hijo, pidiéndole una respuesta. Ponga su número de teléfono y las horas en que puede encontrarla. Dígale a la maestra que necesita saber:

- Cuánto tiempo espera que pase su hijo, cada tarde o noche, haciendo los deberes.

- Cuánta ayuda o guía espera que presten los padres. ¿Espera que repasen el trabajo y hagan que el niño corrija sus errores, o no?

- Si su hijo tarda más en hacer los deberes de lo que la maestra recomienda, ¿qué es lo que querría la maestra que hiciera? ¿Trabajar hasta que acabe por mucho que tarde, o llevar el trabajo sin terminar? (Si se trata de un problema que se repite, debe usted evaluar lo exacto que es el maestro al calcular el tiempo que se necesita para hacer el trabajo o si es que su hijo tiene problemas de aprendizaje. Otra guía puede ser el tiempo que otros compañeros de clase invierten en el mismo trabajo.)

- ¿Cuáles son las repercusiones por no terminar los deberes?

8. Muestre interés en el trabajo y proyectos de su hijo. Pregúntele por los

deberes, repase el trabajo una vez devuelto, programe viajes para hacer investigación en la biblioteca. Anote los deberes o trabajos a largo plazo en un calendario familiar o ponga notas en la puerta de la nevera. Recuérdeselos (amigablemente, no de manera fastidiosa).

9. Para inspirar pulcritud, alabe las partes más pulcras de los trabajos, al tiempo que ignora las partes más sucias o desordenadas. Tenemos tendencia a gruñir por las marcas de borrado, la caligrafía, las rasgaduras en los papeles. Fíjese en la diferencia entre los ejemplos siguientes de comentarios de los padres ante un trabajo algo desordenado. Lo siguiente sería espantoso: «Has hecho un trabajo realmente descuidado y desordenado, Jaime». Sería inspirador decir: *«Esta primera línea, Jaime, es sensacional. Todas las letras están encima de la línea.»* En el segundo ejemplo, el padre alabó el «pequeño paso en la dirección correcta», aprovechando una o dos líneas de escritura pulcra para alentar a su hijo a hacer más de lo mismo. ¿Qué respuesta es más probable que ayude a mejorar el trabajo de Jaime?

10. De manera similar, concéntrese en lo que es correcto en lugar de en lo que no lo es. Piense en la diferencia que hay entre estos dos comentarios desde la perspectiva del niño: «Te equivocaste en tres. Qué vergüenza. Era un trabajo casi perfecto», o: *«¡Noventa y siete bien! ¡No sabes multiplicar o qué!»*

11. Para conseguir que su hijo trabaje de una manera más independiente, dele tareas pequeñas y dígale que le llame cuando haya terminado. Así hace usted que disminuya su dependencia de usted.

> *Haz la primera línea de los problemas de matemáticas. Cuando hayas terminado, avísame...* (Guillermo lo hace)... *Vaya, has terminado muy rápido, Guillermo. Repasémoslos y luego puedes probar a hacer dos líneas más.*

A un niño que le haya pedido que se siente junto a él mientras hace todos sus deberes, dígale: *«Haz un problema y luego, llámame.»* Él acaba uno, la llama y usted comprueba la respuesta. Diga algo como: *«Muy buen trabajo. Ahora, haz dos problemas y llámame.»* Cuando su hijo sea capaz de trabajar solo, dígale: *«Qué fantástico, has terminado tú solo todos esos problemas de matemáticas.»*

12. Pregúntele a su hijo cuál ha sido la respuesta de la maestra a sus deberes.

«¿Qué dijo de tu poema?... ¿Le gustó el modelo del iglú Inuit?... ¿Qué dijo de la entrevista que le hiciste al cartero?»

El que la maestra no exprese su opinión será un problema grave que interferirá con la capacidad de su hijo de estar orgulloso de su trabajo. Consulte a la maestra inmediatamente y si ella no empieza a dar alguna respuesta al trabajo de su hijo, hable con el director de la escuela y piense en trasladarlo a otra clase.

13. Asegúrese de que su hijo tiene otras responsabilidades en el hogar. Una amiga mía que es maestra me dijo que su secreto número uno para hacer disminuir la resistencia a los deberes es asegurarse de que su hijo tiene, por lo menos, una tarea al día que hacer en el hogar. Las tareas ayudan a que los niños desarrollen un sentido de la responsabilidad y esto ayuda a un niño a la hora de hacer los deberes.

Cómo decir no y mantenerlo

1. Si su hijo empieza a pelear con los deberes, trabajar por debajo de su potencial o a suspender en la escuela, lo primero que debe hacer es eliminar la posibilidad de que existan problemas de atención o discapacidades de aprendizaje. Los niños pueden ser listos pero también tienen «problemas de procesado» o sea que tienen problemas para recoger o emitir información. Eso puede significar que existen dificultades para comprender, sintetizar o comunicarse. Puede afectar a la lectura, la escritura, las matemáticas, las habilidades orales, y más cosas. Si está preocupada de algún modo pensando en que su hijo puede estar padeciendo una discapacidad de aprendizaje no diagnosticada, hable con su maestro y pídale que el psicólogo de la escuela o uno privado le someta a examen.

De igual modo, si su hijo o hija tienen problemas para hacer cualquier tarea, seguir instrucciones o terminar un trabajo, es posible que sufra un trastorno de hiperactividad con déficit de atención, lo que interfiere de manera significativa con la capacidad del niño para prestar atención y aprender. Un psiquiatra infantil es el que está más calificado para diagnosticar o descartar este trastorno.

2. Si el fracaso de su hijo en los deberes es repentino y también ve usted que muestra un interés menor en jugar con los amigos y que tiene pro-

blemas para dormir o alimentarse, puede que su hijo esté padeciendo una depresión. Consulte, inmediatamente, al médico de su hijo o a un psiquiatra infantil.

3. Si los problemas sólo son con los deberes, responda a lo siguiente:

- ¿Toma nota su hijo de cuáles son los deberes?
  Si no lo hace, necesita un cuaderno para ello.

- ¿Los anota correctamente?
  Si no es así, haga que el maestro lo lea y ponga sus iniciales.

- ¿Se lleva a casa el cuaderno donde anota los deberes?
  Si no es así, tendrá que atar el cuaderno a su mochila.

- ¿Se lleva a casa todos los libros o materiales necesarios?
  Si no, puede que el maestro pueda recordárselo o puede utilizar una hoja más detallada para anotar los deberes, que tenga una columna donde indique los materiales y libros que debe llevarse a casa.

- ¿Está haciendo el trabajo?
  Si no es así, averigüe qué es lo que está haciendo en lugar de los deberes y luego vea lo que dice más abajo.

- El trabajo terminado ¿se coloca en la mochila?
  Si no es así, debería ponerlo en ella en cuanto lo haya terminado.

- ¿Llega el trabajo a manos del maestro?
  Si no es así, es posible que su maestro tenga que pedírselo o ponga una columna en su hoja de deberes para que el maestro escriba en ella sus iniciales, después de haber recibido el trabajo.

Los maestros y maestras no tienen mucho tiempo para escribir notas para los padres y hacer el seguimiento, pero si su hijo tiene problemas, debería estar dispuesta a garabatear, rápidamente, sus iniciales una o dos veces a fin de ayudarle. Es responsabilidad de su escuela enseñar las habilidades que he relacionado, en los cursos elementales. Si su maestra no está dispuesta a ayudarla de este modo, el director debe saberlo.

4. En lugar de tener que bregar con su hijo de ocho a doce años respecto a los deberes, pruebe el enfoque de «cuál es tu plan?»:

Carlos, tienes unas cuantas tareas de casa que hacer y sé que debes terminar un resumen de un libro. Esta noche hacen tu programa favorito en la televisión. Me estaba preguntando cuál es tu plan para conseguir hacerlo todo.

Si él le sale con «Mañana por la mañana me levantaré más pronto», diga: *«Bueno, eso podría funcionar, pero lo que sucede es que, de verdad, necesitas tenerlo todo hecho esta noche.»*

Yo intenté el «¿cuál es tu plan?» con Paco, cuando tenía ocho años y tuvimos el diálogo siguiente:

Yo: Sé que quieres ir a jugar pero tienes deberes. ¿Cuál es tu plan para hacerlos?

Paco: ¿Qué te parece si voy a casa de David a jugar y vuelvo dentro de tres cuartos de hora?

Yo: Bueno, eso no es mucho tiempo para jugar.

Paco: Sí que lo es.

Yo: Si te parece que es suficiente, de acuerdo. Pero ¿cómo sabrás la hora que es?

Paco: Me llevaré un reloj.

Yo: Bien pensado, pero ¿y si te olvidas de mirar el reloj?

Paco: Mami, lo prometo. Si vuelvo tarde, lo único que tendré que hacer mañana será hacer los deberes antes de ir a la escuela.

Cuando me presentó su plan y su consecuencia tan lógica, quedé asombrada y complacida. Paco volvió a casa al cabo de los cuarenta y cinco minutos e hizo sus deberes sin rechistar. Creo que el plan funcionó porque fue él quien descubrió su propia manera de solucionar el problema.

Si a su hijo no se le ocurre un plan factible o si no lo completa, abandone su enfoque de «¿cuál es tu plan?». Vuelva a probarlo al cabo de unos seis meses, más o menos.

5. Prepare un cuadro de buen comportamiento (vea el glosario) para anotar y celebrar la terminación de los deberes. Coloque una pegatina o alguna otra señalización cuando su hijo ponga el trabajo terminado en su mochila. Si no se lo gana, deje el espacio en blanco. Alabe los éxitos e ignore los fracasos.

Debe hacer que las pegatinas tengan relación con una recompensa que podrá disfrutar el fin de semana. Si la pegatina diaria tiene un valor de veinte pesetas, el sábado puede añadir hasta cien pesetas a su asignación semanal o utilizarlas para jugar a los videojuegos cuando usted vaya de tiendas con él.

6. Descubra qué es lo que le estorba y elimínelo. ¿Qué sucede? ¿Es que su hijo evita hacer los deberes para jugar fuera, ver la televisión, trabajar con el ordenador, jugar con los videojuegos, hablar por teléfono o leer? Soluciónelo y aténgase al trato de cuando/luego:

Cuando hayas terminado los deberes, podrás jugar.

En el caso de que se trate de un resistente crónico a los deberes, no ceda a su insistencia y no acepte promesas del tipo de «lo haré más tarde» si esas mismas promesas son las que ha roto una y otra vez. Debe usted revestirse de valor y ser el malo de la película y hacer que se cumpla la regla. Piense: «coherencia, coherencia, coherencia», o lo que equivale a lo mismo: «firmeza de carácter.»

Si usted no está en casa a primera hora de la tarde y no tiene una canguro o similar que pueda gestionar eficazmente el tiempo de su hijo, la regla puede ser: *«Tan pronto como yo llegue a casa, tienes que dejar de jugar y empezar los deberes.»* Si no lo hace, tenga pensada una consecuencia eficaz.

7. Si está usted demasiado exhausta, sale del trabajo muy tarde, no tiene pareja o, sencillamente, se siente desvalida en la batalla de los deberes, busque el apoyo del maestro. Tenga presente el plan siguiente que ha funcionado en el caso de otras familias:

- Reúnase con la maestra de su hijo y hágale saber que está muy preocupada por el problema de los deberes. Cuéntele todo lo que ha probado y vea las ideas que ella tiene. Si tiene la fuerza necesaria para seguir intentando intervenir, hágalo.

- Si no es así, pregúntele a la maestra qué consecuencia le proporciona ella a un niño que no le entrega los deberes. Una consecuencia adecuada, como quedarse sin recreo y no salir fuera de clase para comer hasta que se hayan hecho los deberes, debe cumplir los criterios siguientes:

Tener significado para el niño (a su hijo le encanta el recreo).

El maestro lo controla (puede quedarse con el niño en la clase o llevárselo a la oficina para que trabaje).

Usted desea utilizarlo (no es exageradamente punitivo).

Es mínimo (es breve y puede utilizarse diariamente).

Si la consecuencia que el maestro o maestra acostumbra a imponer no cumple estos criterios, pídale que piense en otra. Algunos maestros encargan páginas escritas (por ejemplo, que el niño escriba cien veces «Terminaré mis deberes a tiempo»). Esta consecuencia puede tener significado para su hijo (¡él odia escribir esas cosas repetitivas!) y el maestro puede ser capaz de hacer que su hijo lo escriba, pero en mi opinión no pasa la prueba del «deseo». Si mi hijo no estuviera haciendo sus deberes, lo último que necesitaría sería estar ocupado con un trabajo que no tiene ningún valor en cuanto al aprendizaje. Y como yo no estaría deseosa de que se utilizara la consecuencia, podría socavar —en cierto modo— su eficacia. Podría llegar incluso a ayudarle a terminar sus deberes porque pienso que esos ejercicios de escritura son una pérdida de tiempo.

Otros maestros pueden imponerle al niño la consecuencia de ponerle una nota de suspenso por el trabajo no terminado. A pesar de que es importante que el niño tenga una consecuencia, el suspenso no pasaría mi examen como «mínimo.» Me gustaría que antes se probara otra consecuencia, como la de ir rebajando la nota según los días que se tarda en entregar los deberes (un trabajo que debía entregarse el lunes y que hubiera tenido un sobresaliente, sólo obtendría un notable si se entregara el martes y un aprobado si se entregara el miércoles y así sucesivamente).

Si usted y la maestra son capaces de ponerse de acuerdo respecto a la consecuencia, dígale que quiere usted «salirse» de la batalla. Explíquele que sus súplicas, ruegos, amenazas, ayudas y gritos no funcionan. Lo que usted quiere es que su hijo se enfrente a las dificultades en la escuela y que sea su maestra la que imparta la disciplina. Deje que se produzcan todas las consecuencias naturales: quedarse sin recreo, desilusionar a los compañeros de juegos, avergonzarse ante los camaradas y, por supuesto, al final, el refuerzo positivo de terminar los deberes. Tranquilice a la maestra asegurándole que se toma usted muy en serio la educación de su hijo y que no la pondría en sus manos si pensara que tiene alguna otra posibilidad.

Puede que a usted le sea difícil retirarse de la pelea con los deberes. Recuerde que librar esa batalla o terminar los deberes en su lugar, no va a solucionar las cosas y que puede que tenga que alejarse sentimentalmente de él para cambiar sus costumbres. La responsabilidad debe pasar de usted a él.

- En casa, ignore el hecho de que está evitando hacer los deberes. Usted sabe que tendrá que hacerlos en la escuela el día siguiente o enfrentarse a otra consecuencia. Siga con la política de: *«No hay televisión hasta que los deberes estén terminados.»* ¿Y qué hay de otros privilegios? Esa decisión es suya.

Es mucho mejor que un niño experimente las consecuencias naturales de no hacer los deberes (quedarse sin recreo para terminarlos, tener malas notas, o celebrar una conferencia con los padres y la maestra) en la escuela, en lugar de que le suceda más adelante, en el instituto o la universidad.

- Siga interesada en la escuela de su hijo y en su trabajo escolar. Esté dispuesta a elogiar los logros. Disfrute (por no decir que se regodee) de la libertad mientras la maestra hace el trabajo sucio. ¡Es posible que esa sea la última maestra flexible que consiga!

8. Evite establecer recompensas a largo plazo, como: «Te daré mil pesetas si todas tus notas son sobresalientes y notables.» O: «Te llevaré a ____ (un parque temático importante que elija usted) si consigues que tus suspensos se conviertan en aprobados.» Su hijo lo pasará mal luchando durante diez semanas para conseguir un objetivo. Es mejor recompensar —con elogios o un pequeño privilegio— el que termine los deberes cada noche. Los éxitos y logros escolares se basan en el desarrollo de toda una variedad de buenas costumbres de estudio y en tener muchos éxitos pequeños.

8

Demasiada televisión

El problema

Su hija se niega a apagar el televisor. Insiste en verlo durante las comidas o antes de ir a la escuela. Está usted tan harta de ese cacharro que le gustaría regalarlo. Lo que usted quiere es que se use el televisor y no que se abuse de él.

Pensarlo de nuevo y bien

Somos muchos los que tenemos una relación de amor/odio con la televisión. A nuestro bebé que empieza a andar le presentamos —de mala gana— *Barrio Sésamo*, a fin de poder darnos una ducha o disfrutar de unos instantes de paz y tranquilidad en el cuarto de baño, pero lo que sucede es que pronto estamos pasando una cinta de vídeo en la sala de estar a fin de poder disfrutar de una cena libre de niños, con nuestros amigos, en el comedor. Sabemos que es posible que la televisión sea un educador sensacional o un estupendo entretenimiento, pero la exposición a la violencia, a los temas de adultos, al lenguaje ofensivo y a la estupidez declarada, nos preocupa. Y los maestros han descubierto que los niños con problemas de lectura ven muchas horas de televisión a la semana.

Si viéramos la televisión junto con nuestros niños, podríamos ayudarles a desarrollar la comprensión de lo que ven y una desconfianza saludable en el mercantilismo, pero ¿quién tiene tiempo para vigilar lo que miran?

¡Y qué decir del tiempo que se pierde! ¿Se acuerdan de leer, dibujar, jugar a las canicas, cantar, contar cuentos o hacer punto de cruz? ¿Y qué hay de los juegos imaginarios, o sencillamente dejarse impregnar de rayos de sol y aire fresco? Cuanto más tiempo pasan frente al televisor, menos tiempo e interés dedican los niños a otros pasatiempos productivos.

«Pero —se pregunta—, ¿cómo puedo hacer regresar al monstruo de la televisión a su jaula? Sé que le estaríamos haciendo un favor si limitáramos el tiempo de televisión, pero ¿quién quiere ser "el que hace cumplir la ley"?».

Repita conmigo: «Tengo todo el derecho del mundo a poner un límite a la televisión. De hecho, es responsabilidad mía.» Y siga leyendo.

AVISO: si usted o su pareja son adictos a la televisión, tendrá que cambiar primero sus costumbres antes de que pueda ser eficaz con los niños.

Cómo conseguir que los niños se independicen del televisor

1. Muestre un interés especial en cualquier actividad que realice su hija y que no tenga nada que ver con la televisión. Ella aprenderá a valorar aquello que usted valora. Diga cosas como:

> *Ese libro parece estupendo, háblame de él.*
>
> *¡Qué torre más alta estás haciendo con esos cubos!*
>
> *¿Bichos? Claro que puedes coleccionarlos, te enseñaré unos cuantos sitios buenos para cavar.*
>
> *Me encantan los colores de tu dibujo. Cuando lo termines ¿podremos ponerlo en la puerta de la nevera?*

2. Dígale lo que no le gusta de la televisión para que quede claro que sus reglas no son arbitrarias. ¿Se trata de lo que mira o de la cantidad de tiempo que se pasa mirándola? Si se trata de la calidad de la programación, pruebe lo siguiente:

- Si no le gusta la publicidad, límite la cantidad de televisión comercial que puede ver. Grabe los programas que llevan publicidad y haga avanzar la cinta rápidamente durante la misma. Insista en que su hija aprenda a quitar el sonido de los anuncios cuando vea la televisión en «tiempo real».

- Si a usted no le gusta la violencia, no permita que se vean dibujos animados violentos o programas de policías. Si está preocupada por el sexismo, los temas de adultos, etcétera, no permita que vea la televisión después de las 8.30 de la tarde, o cualquier programa ofensivo que pueda identificar. Enseñe a su hija a diferenciar entre noticias y sensacionalismo.

~ Siéntese con sus hijos y comente el programa mientras se está emitiendo. No se lo estropee, pero haga observaciones para ayudarles a verlo de una manera más crítica.

3. Si lo que la preocupa es la cantidad de televisión, seleccione uno de los planes siguientes o idee el suyo propio:

~ Nada de televisión durante la semana. Aquellos de su familia que deseen ver las noticias podrán hacerlo durante una hora al día.

~ Límite la televisión durante la semana. Por la mañana, cuando los niños estén completamente listos para ir a la escuela, pueden verla hasta cinco minutos antes de la hora de salir de casa. Cuando hayan terminado los deberes, pueden verla hasta la hora de cenar. Otras variaciones: deje que vean acontecimientos deportivos especiales, una película clásica, o un programa favorito de media hora durante la semana.

~ Televisión únicamente por la tarde/noche. Media hora cada noche. En las noches en que tenga muchos deberes, grabe su programa favorito para que pueda verlo la noche siguiente o en el fin de semana. A fin de que la televisión no compita con la hora de acostarse, haga que los niños se aseen, se pongan el pijama y se laven los dientes antes de verla. En el caso de unos niños que se acuestan a las 9.30, deberían tener los pijamas puestos y los dientes lavados a las 8.30 y entonces podrían ver un programa de media hora. Las 9.00 sería el momento de beber agua, escuchar o leer un cuento, dar las buenas noches y tener las luces apagadas a las 9.30.

~ Haga trueques con el tiempo de televisión. Sus hijos pueden ganarse tiempo de televisión leyendo o realizando proyectos creativos o deberes. Pruebe a ofrecer treinta minutos de televisión por cada libro leído, o quince minutos por terminar los deberes. Las ganancias pueden cobrarse el fin de semana o cada día, cuando se hayan hecho las tareas de la casa y los deberes.

4. No utilice la televisión como ruido de fondo; sus hijos pueden volverse adictos a ese ruido y pasarlo mal para apagarlo durante toda su vida.

5. ¿No será usted, por casualidad, adicta a la televisión? Porque si es así, su hija le dirá: «No es justo. Tú ves televisión todas las noches.» La televisión puede interferir en la vida personal de una pareja, reducir casi a la nada el beneficio de las comidas en familia y hacer desaparecer por completo el arte de la conversación. Deje un libro en la cabecera de su cama o en la mesilla de noche. De hecho, lo que debe hacer es ¡colocarlo justo encima del mando a distancia del televisor!

6. Promocione actividades familiares que no tengan nada que ver con la televisión. Su mensaje debería ser el de que la «televisión no es importante». Coloque una mesita de café en un lugar en el que no estorbe y ponga en ella un rompecabezas en el que todos pueden colaborar. Jueguen en familia, lean juntos. Pida prestados libros y revistas de la biblioteca y déjelos en los lugares de la casa más frecuentados por la familia. ¿Quién puede resistirse a un crucigrama o (en el caso de los más pequeños) a un lápiz recién afilado y un problema de conectar los puntos para que aparezca una figura?

7. Descubra la radio. Se emiten programas de debate, de noticias y concursos. Los programas de cuentos para niños, de música para la familia, programas de variedades y de opinión pueden proporcionar a toda la familia la oportunidad de volver a descubrir la forma de utilizar sus oídos y el «ojo de la mente».

8. Celebre una reunión de familia para cambiar las costumbres de ver la televisión:

- Exprese el problema: *«La televisión está interfiriendo en nuestras vidas. Cada día nos peleamos por culpa de la televisión»*.

- Manifieste cómo se siente usted respecto al problema: *«Me siento tan frustrada que tengo ganas de regalar el televisor.»*

- Pida soluciones: *«Estoy abierta a toda clase de sugerencias respecto a cómo podemos ver menos televisión y utilizar mejor nuestro tiempo.»*

- Elija un plan con el que todo el mundo pueda estar de acuerdo y que se pondrá a prueba durante una semana. (Si los niños no cooperan y no tienen plan alguno, presente un par de planes que usted considere razonables.)

- Celebre una reunión de seguimiento para ver cómo marcha el plan.

- Decida si va a mantener el plan o a realizar ajustes para que funcione mejor.

Una familia que conozco, y que había estado compitiendo por e˙ peonato del mundo de usuarios de televisión y los videojuegos, tuvo u.. nión familiar y decidió trasladar el televisor al despacho del padre. Ahora, en casa, por las tardes, los miembros de la familia leen (incluso los niños leen el periódico), juegan a juegos de mesa, utilizan el ordenador, o sencillamente hablan entre sí. Los deberes son una pelea mucho menor porque no tienen televisión con la que competir. Si hay un programa especial de televisión que todo el mundo quiere ver o un vídeo que la familia quiere alquilar, celebran una noche de pizza y televisión en el despacho del padre. Librarse de la televisión hizo que crearan un verdadero tiempo de calidad y toda la familia parece más unida.

9. Pruebe este experimento: guarde la televisión durante una semana. Luego celebre una reunión de familia y fíjese en las diferencias que se han producido en sus vidas. ¿Qué es lo que ha sido mejor? ¿Y peor? ¿De verdad han encontrado algo a faltar? ¿Quieren ustedes ajustar de forma permanente su modo de ver la televisión?

10. No le regale a su hija un televisor para su habitación. Si, desgraciadamente, ya tiene uno y se ha convertido en un problema, sáquelo de ahí.

11. Utilice un anuncio para preparar a su hija para que cierre el televisor. A nadie le gusta que le interrumpan, pero un anuncio puede ayudar:

Madre: Teresa.
Hija: (Los ojos clavados en el televisor y escuchando a duras penas.) ¿Sí, mami?
Madre: Teresa, mírame por favor. (La niña mira a su madre.)
Hija: Gracias. Dentro de cinco minutos será hora de apagar el televisor y de que pongas la mesa para cenar.
Hija: De acuerdo.
Madre: Gracias.
(Cinco minutos más tarde.) Es hora de apagar el televisor.
Hija: Maaami. ¿Ya han pasado los cinco minutos?
Madre: (Utiliza con tranquilidad lo del disco rayado.) Es hora de apagar el televisor.
Hija: Uf, mami. Van a hacer un programa estupendo. (Toma el mando a distancia.)
Madre: Gracias cariño.

Cómo decir no y mantenerlo

1. Si cuando le pide que apague el televisor ella se niega, preséntele la siguiente posibilidad de elección:

Posibilidad de elección seguida por la respuesta del NP (niño perfecto):

Madre: La apagas tú o lo haré yo, ¿qué eliges?
Hija: ¡Vaya! ¿Por qué tengo que apagarla siempre? (Va y la apaga.)
Madre: Gracias.

Algo más parecido a la realidad:

Madre: La apagas tú o lo haré yo, ¿qué eliges?
Hija: (Se queda callada.)
Madre: La apagas tú o lo haré yo, ¿qué eliges?
Hija: (Se niega a elegir.)
Madre: Parece ser que quieres que sea yo la que elija.
Hija: ¡Está bien, está bien! Pero no veo por qué tengo que hacerlo. Tú la miras siempre que quieres. (Se dirige al televisor.)
Madre: Gracias.

Un niño siempre prefiere apagar el televisor él, incluso cuando protesta, en lugar de que sea usted quien lo haga. Y como jamás es bueno que tenga usted un conflicto de tipo físico con su hijo o hija, el que ella la apague elimina la posibilidad de que ustedes dos se peleen por el mando a distancia.

Esta madre no se deja desviar por el desafío de su hija: «Tú la ves siempre que quieres». Tanto si es cierto como si no, ése no es el problema. Pueden hablar de la justicia después de que la televisión esté apagada.

Si ella apaga el televisor, alábela con un *«Gracias»* sencillo, pero que no tenga nada de satisfacción maliciosa. Si se niega a hacerlo, ha de ser usted quién lo apague y no lo dude, ella le hará el regalo de alguna clase de rabieta o pataleta.

2. Si su hija le ofrece un trato —«Me vestiré si puedo hacerlo delante del televisor»— y usted quiere, de verdad, llegar a un compromiso (¡qué blanda es usted!) yo no puedo detenerla. Sin embargo, le recomendaría que el contrato fuera más bien duro.

Hija: Me vestiré si me dejas seguir viendo la televisión.
Madre: ¿Te vestirás del todo? ¿Incluso te pondrás los zapatos?

Hija:	Sí, lo prometo.
Madre:	De acuerdo. Vamos a probarlo, pero si no estás vestida dentro de 7 minutos y con los zapatos puestos, la televisión se apaga. ¿De acuerdo?
Hija:	De acuerdo.
Madre:	Es un trato.

Si se viste, alábela. Si no lo hace, apague el televisor. Si es usted demasiado flexible, esta clase de tratos pueden llevarla directamente de vuelta a la pelea matinal.

3. Si cuando apaga usted el televisor, ella se tira al suelo chillando y pataleando ignórela (siempre que no se esté haciendo daño a sí misma o a otras personas) hasta que se calme completamente. Dese la vuelta, conserve el control, concéntrese en otra cosa, ande, no corra, haga una llamada telefónica, lave algunos platos, dé una ojeada al periódico, etcétera. El mensaje no hablado para su hija debe ser: «Todos tus gritos no van a conseguir que cambie de opinión».

4. Si da patadas a la pared, da portazos o golpea los muebles, dele un aviso de una consecuencia: *«Si estropeas algo, lo pagarás y además no verás la televisión durante todo un día.»*

No hay duda de que ella intentará dar uno o dos portazos o golpes más, que casi produzcan daños. Ignore estos esfuerzos para ponerla a usted a prueba o para guardar las apariencias. Si va aumentando la intensidad y llega a hacer algún daño, ponga inmediatamente en práctica la consecuencia. (Si es frecuente que usted y su hijo o hija tengan ataques de este tipo, busque la ayuda de un especialista en comportamiento para que la guíe.)

5. Cuando, después de que haya pasado la rabieta y se haya administrado la consecuencia, ella «da un paso pequeño en la dirección adecuada», intenta expresar sus sentimientos con palabras, o utiliza una voz tranquila para negociar un trato («Prometo que me vestiré si puedo ver la televisión»), puede contestarle de una manera positiva. De todos modos, no le recomiendo que permita que se encienda el televisor, porque lo que usted no ha de querer es recompensar una pataleta.

| Hija: | (Con una voz más tranquila.) Te prometo que me vestiré si me dejas que siga viendo la televisión. |

Madre: Aprecio mucho tu promesa, pero te has perdido la televisión para el resto del día. Cuando estés vestida, ¿por qué no dibujas o lees hasta que sea hora de ir a la escuela?

6. Recuerde que una consecuencia debe tener significado para el niño y que debe usted ser capaz de administrarla hasta el fin. Ejemplos:

Apaga el televisor ahora mismo o no habrá más televisión durante el resto del día.

Apaga el televisor ahora mismo o te irás a la cama 15 minutos antes de tu hora.

Apaga el televisor ahora mismo o tendrás un tiempo fuera de juego de 10 minutos.

7. Si, cuando usted apaga el televisor, ella vuelve a encenderlo, sáquelo de la casa. Póngalo en el portaequipajes de su coche o en casa de un vecino que, por supuesto, no tenga el mismo problema. Antes de devolverlo a la casa, llegue a un trato respecto a la manera de ganar la utilización futura del televisor.

Si hoy cumples mis reglas respecto a la televisión —ver sólo una hora, apagarla justo después del programa que te gusta y te pones de acuerdo con tu hermana en la elección del programa—, te ganarás el derecho a ver la televisión mañana.

8. Alábela cuando cumpla las reglas establecidas para la televisión y la apague cuando usted se lo diga. *«Me gusta la manera en que cooperas ahora, gracias.»*

9

Los videojuegos y demás juguetes problemáticos

El problema

Su hijo le suplica que le compre juguetes que usted considera que son violentos, adictivos, peligrosos, sexistas, racistas o demasiado caros. Usted comprende lo difícil que es para su hijo querer algo que la mayoría de sus amigos tienen, pero usted querría que él comprendiera y aceptara su decisión.

Pensarlo de nuevo y bien

Aquí tenemos otro tema delicado porque, una vez más, sus sentimientos pueden ser algo confusos. ¿Los videojuegos son demasiado adictivos además de ser innecesariamente violentos? Muy posiblemente. Sin embargo, si los prohibimos, ¿estamos privando a nuestros hijos de alguna habilidad que aún no se ha determinado pero que puede ser absolutamente imperativa para su éxito futuro? ¿O estamos organizándolo todo de manera que los amigos de nuestros hijos —que sí tienen videojuegos— los sometan al ostracismo?

¿Y qué hay de las armas de juguete? ¿Promocionan la agresión? ¿Los niños que juegan con armas se vuelven más violentos que los que no juegan con ellas, o la violencia es algo más complicado que las propias armas? ¿Las pistolas de agua son únicamente una buena diversión? ¿Hacer que las pistolas de agua parezcan Uzis, no es ir demasiado lejos?

En el caso de juguetes que parecen peligrosos, como los patines en línea o los monopatines, ¿será suficiente para su seguridad que lleven un casco, rodilleras, muñequeras y guantes? ¿Deberíamos ignorar nuestros temores y confiar en que nuestros hijos no se harán daño? Si les decimos que no pueden tenerlos, ¿no estaremos siendo exageradamente protectores? ¿Perjudicaremos sus relaciones con sus iguales si es el único chico de todo el bloque al que no se le permite tener un monopatín?

Una niña que juega con una Barbie ¿tiene una opinión peor de sí misma que la que no juega con ella? ¿Es que las formas voluptuosas de la Barbie hacen que el destino de nuestras hijas sea el de odiarse a sí mismas? Sabemos que los nativos americanos y otros pueblos se sienten profundamente ofendidos por las representaciones de «indios y vaqueros» y que la autoestima de los niños puede verse afectada de una manera muy perjudicial por las imágenes culturales negativas. Los fabricantes de juguetes están sacando toda clase de muñecas y conjuntos de trabajos manuales culturalmente diversos, pero como madre lo paso muy mal y me es muy difícil distinguir lo que es una representación auténtica y respetuosa, de lo que puede ser una representación estereotipada y posiblemente degradante.

Si lo está pasando mal para establecer límites a la hora de que su hijo compre uno de estos artículos puede que sea porque usted y su pareja no están de acuerdo en cuanto a una política de juguetes. Es posible que su esposo piense: «¿Qué tienen de malo esos patines en línea? ¡Lo único que debes hacer es ponerle rodilleras!», pero usted acaba de ver al chico de los vecinos dando saltitos a la pata coja con sus muletas después de una catástrofe de patinaje. Es posible que su pareja piense que hay mucho más peligro en la televisión que en una Barbie. En realidad usted no está segura, pero si fuera necesario los prohibiría ambos. Puede que piense que cierto sistema de videojuegos puede convertir a su hijo en un zombi, pero su pareja quiere uno porque a él o a ella le gustan. Aquí no puedo ayudarle mucho como no sea insistiendo para que primero aclare usted sus propios valores y luego llegue a un compromiso con su pareja, negociándolo del mejor modo que pueda.

Cuando se reúnan para hablar, fíjese en los problemas que se ocultan detrás de su impulso instintivo de decir «no». ¿Hay alguna manera de solucionar esos problemas en particular? ¿Es posible alquilar o pedir prestado ese sistema de juegos para ver si puede usted implantar regulaciones en su uso? Si ya tiene un sistema de vídeo, ¿puede usted seleccionar los juegos y poner límites a la violencia de los juegos y a la cantidad de tiempo que su hijo pasa jugando con ellos? Hay alguna manera de proteger, adecuadamente, a su hijo cuando patina o va en monopatín haciendo que lo practique en un lugar reservado hasta que sea un experto? ¿Es que no hay otras muñecas atractivas que puedan proporcionar tanto disfrute como ésa con el pecho aerodinámico?

No hay duda de que si les negamos del todo una cosa a nuestros hijos, pueden obsesionarse con ello. Un niño (y también una niña) puede pasarse las dos semanas siguientes quejándose y diciendo: «¡Pero Juan tiene uno!», y yéndose a toda prisa a casa de Juan, siempre que tiene la oportunidad. Puede que descubra usted que no puede detener la obsesión, pero la solución no consiste en comprar el juguete deseado.

Yo adivino que en algún momento u otro en la vida de su hijo decidirá usted negarle un juguete, sin el cual él dirá que se va a morir. Cuando llegue ese momento, utilice las directrices siguientes para que le ayuden a llegar a un entendimiento mutuo.

Cómo evitar las batallas por culpa de los juguetes

1. Una manera de prepararse para las guerras de los juguetes es prever las situaciones problemáticas. Fíjese en los amigos que tengan niños un poco mayores que el suyo. ¿A qué dilemas, respecto a los juguetes, se han enfrentado o se están enfrentando? Piense en la manera en que querría usted enfrentarse y solucionar los mismos desafíos.

Cuando se encuentre usted con una de estas situaciones, hable de ello con otros padres a los que respete. ¿Han dicho «no hay videojuegos» (o lo que sea que le preocupa a usted) en su casa? ¿Cómo se sienten con su decisión? ¿De qué manera ha afectado a sus hijos? ¿Los niños se lo tienen en cuenta o se limitan a aceptar que los videojuegos no están permitidos?

Hable con padres que no piensen como lo hace usted, que sí permitan armas, videojuegos, Barbies (o lo que sea). ¿Cómo ha afectado eso a sus niños? Puede que oiga decir: «Se pasó veinticuatro horas al día jugando con eso durante dos semanas y, luego, no hemos vuelto a verlo más.» Incluso algunos de los juegos más adictivos pueden terminar abandonados en un rincón del dormitorio. Puede que se preocupe por nada.

2. Aclare sus valores y establezca las reglas desde muy pronto. Está claro que su hijo puede aceptar sus valores o no, incluso a pesar de que respete las reglas.

Mis hijos, cuando iban a gatas, aprendieron que mamá y papá no permitían armas ni juguetes bélicos en casa. A pesar de nuestra regla, a mi hijo siempre le han gustado las pistolas y quiere jugar con ellas si resulta que un amigo trae un par de ellas a casa. Sin embargo le he visto aburrirse de jugar con las pistolas y convencer a sus camaradas para hacer alguna otra cosa. Si un amigo se deja una pistola en casa, es posible que Kyle ni siquiera la toque. Es imposible saber si es que él se ha contagiado de nuestros valores o, sencillamente, resulta que está interesado por otras cosas.

3. A medida que su hijo vaya creciendo, hable con él de las imágenes y mensajes que emiten los juguetes que a usted le preocupan. Igual que puede usted reducir los efectos negativos de la televisión al verla junto con sus hijos y señalando y discutiendo las imágenes y los mensajes que presenta, puede hacer que sus hijos sepan cuáles son sus preocupaciones y valores respecto al tipo de mensajes que emite el juego que eligen. Puede hacerle ver a su hija que la forma del cuerpo de la Barbie no es real y que nadie puede ser como la Barbie sin gran cantidad de cirugía estética de todo tipo. Si su hijo quiere de verdad jugar a las batallas, es mejor que le proporcione figuras de monstruos que no sean humanos en lugar de figuras de personas. Si da a sus hijos información histórica respecto a los nativos americanos, los colonos, los piratas y los soldados, su juego imaginario puede que contenga menos estereotipos.

4. Evite los sermones largos. Unas cuantas palabras sencillas deberían ser suficientes. Cualquier discusión o comentario ulterior sobre el tema, debería ser corta, tranquila y suave.

> *Tu madre y yo hemos estado pensando durante mucho tiempo en la posibilidad de que tengas pistolas o armas de alguna clase. Nosotros pensamos que matar está mal, que dispararle a la gente está mal y que incluso jugar a hacer ver que se dispara está mal. Hemos decidido que no puedes tener armas y confiamos en que lo comprendas.*

Recuerde el concepto de neutralidad. Si pone usted mucha atención en algo, se vuelve más incitante y atrayente, así que vaya con cuidado con las peroratas sobre la moral.

5. Como sea que los problemas concernientes a la compra de juguetes aparecen durante las salidas de compras, ayude a su hijo a acostumbrarse a la idea de que la mayoría de sus viajes a tiendas de juguetes son para adquirir regalos de cumpleaños o por festividades para otros niños. Prepare a su hijo anunciando:

Vamos a ir a la juguetería para comprar el regalo de cumpleaños de Toni. Ahora no es el momento de comprar nada para ti. Veremos cosas que querrás tener pero no las compraremos hoy.

Además si los padres de Toni están en contra de, digamos soldados, es un día sensacional para usted porque siempre es de gran ayuda tener a un camarada que haga piña con nosotros.

Su hijo: Vamos a comprarle a Toni un Action Man.
Usted: Ya sé que Toni quiere uno, pero su mamá me pidió que no se lo comprara. A ellos tampoco les gusta tener soldados en casa. Su madre dijo que a Toni también le gusta la música y cualquier cosa que tenga que ver con insectos.
Su hijo: ¡Qué bien! Comprémosle una jaula para insectos.
Usted: Una idea sensacional.

Ahora bien, no estamos seguros de si Toni no se convertirá en un sádico torturador de bichos, y no sabemos si todos nuestros valientes esfuerzos van a dar por resultado unos niños menos agresivos, pero intentamos hacerlo lo mejor posible.

6. Asegúrese de que no imparte usted un mensaje doble, o sea, decir por un lado: «Con esa asignación puedes comprarte lo que quieras, después de todo es tuya», y por otro: «No quiero pistolas de agua que parezcan Uzis en casa».

7. En lugar de esperar a que se produzca una confrontación en una juguetería para darle a su hijo la mala noticia de que no puede tener una consola de videojuegos o que su hija no puede tener una Barbie, hable con ellos de una manera abierta y honesta en un momento tranquilo (la hora de acostarse es un momento sensacional para tener una charla, pero empiece pronto porque tardará un poco). Pregúntele a su hija qué es lo que piensa de esa norma y cómo se siente al respecto. Simpatice con ella sin cambiar su decisión (vea el reflejo). Puede empezar por decirle algo parecido a: *«Ya sé que estás disgustada porque hemos decidido no comprar videojuegos.»*

Puede sorprenderse de lo bien que acepta su hija la decisión, si se lo ha explicado claramente. Puede que oiga que le dice a un amigo o amiga de una manera de lo más normal: «Nosotros no tenemos Nintendo, pero ¿has jugado alguna vez al Scrabble?».

8. Si alguien le regala el juguete prohibido, usted y su pareja deben decidir, juntos, qué es lo mejor que se puede hacer. No creo que devolverlo sea una buena idea porque no veo qué es lo que se conseguirá con ello y puede avergonzar a amigos o parientes.

Puede que decidan, por ejemplo, que no se sienten cómodos teniendo una pistola, incluso si se trata de una de juguete, en casa. Siéntense con su hijo y explíquenle sus motivos. Díganle que devolverán el juguete a la tienda y que puede cambiarlo por alguna otra cosa.

Si deciden que el niño puede quedárselo, siéntense con él de todos modos, háblenle de sus reservas al respecto y díganle cuáles son las directrices para su uso. Digan algo semejante a: *«La tía Marga no sabía que nosotros no queremos armas en casa y no hemos querido herir sus sentimientos devolviéndola. Puedes quedártela pero pondremos algunas reglas para su utilización.»*

Cuando mi querida amiga Della quería regalarle una Barbie (que yo no quería que tuviera) a mi hija Miranda, me conformé a regañadientes. El regalo de Della no representó el fin de mundo. No disminuyó la pasión que Miranda sentía por la lectura, ni hizo que dejara de querer ser médico y hasta ahora, que tiene doce años, no está loca por los chicos ni obsesionada por la forma de su cuerpo. Creo que hubiera sido mucho más perjudicial quitarle un regalo de una «tía» muy especial.

Cuando otro amigo que vive fuera de la ciudad nos visitó, regaló a nuestro hijo un juguete particularmente peligroso por su cumpleaños yo no dije nada que pudiera haber avergonzado a mi hijo o a nuestro amigo. Kyle tuvo otros regalos que captaron su interés así que ése lo coloqué en uno de los estantes más altos. Todos nos olvidamos de él hasta este año y un regalo que era inapropiado a la edad de cuatro años es ahora, a los ocho, sensacional.

9. Si su hijo parece especialmente obsesionado con imágenes de violencia y agresión, encuentre maneras constructivas de canalizar su energía y sus impulsos a través de deportes activos como la natación, montar en bicicleta o el karate. Fije, además, límites al tipo de programas de televisión o película

que ve su hijo. Se puede discutir que sean perjudiciales, pero lo que es cierto es que no van a ser de mucha ayuda.

Cómo decir no y mantenerlo

1. No diga «no» hasta que haya tomado una decisión firme y nunca establezca una regla que no esté dispuesta a mantener. Si se dedica usted a insistir y a tener rabietas o berrinches, no hará otra cosa que enseñarle a su hijo a insistir y a tener berrinches para conseguir lo que quiere.

2. Es posible que su hijo acepte bien su decisión en lo abstracto. El momento difícil llegará cuando vayan ustedes a una juguetería y se enfrenten al juguete tentador en «carne y hueso», por así decirlo. Pruebe los enfoques siguientes:

- Recuerde el valor de «cambiar de dirección». Dígale a su hijo lo que sí puede comprar, en lugar de concentrarse en lo que no puede tener. Cuando esté en una tienda y su hijo le haga la pregunta: «¿Mami, puedo tener unos Rollerblades?», respóndale: *Podemos comprarte unos patines de ruedas.* O a la solicitud: «¡Papi, mira qué pistola tan estupenda! ¿Podemos comprarla?», responda: *Hoy puedes elegir un juego o un camión.*

- Es posible que su hijo haya aceptado su decisión, pero eso no significa que le guste o que en algún momento no proteste un poco, por ejemplo, cuando vayan a la juguetería a comprar regalos para su hermano. Cuando empiecen las preguntas y las molestias, dele una orden firme. En respuesta a sus intentos de discutir, repita el mensaje utilizando la técnica del disco rayado, los avisos y las consecuencias cuando sea necesario (vea comentarios similares respecto al comportamiento en las tiendas en el capítulo 19 «Los pedigüeños de la tienda de comestibles» y en el capítulo 21 «Dinero»).

Utilizando el disco rayado:

(El padre o la madre repiten lo mismo en respuesta a todos los argumentos del niño.)

Hoy sólo compramos cosas para el cumpleaños de tu hermano.

Utilizando un aviso de una consecuencia:

Si me vuelves a importunar una vez más, no nos detendremos a comprar helado en el camino de vuelta a casa como había planeado.

Asegúrese de hacerlo bien.

3. En general, no sermonee, explique o importune durante un conflicto sobre juguetes. Durante un berrinche es imposible pensar claramente y por lo tanto, estaría usted desperdiciando sus fuerzas. Sin embargo, lo que sí debe hacer es un seguimiento más adelante ese mismo día o noche, dando una breve explicación, aclarándole a su hijo sus valores y preocupaciones respecto a la violencia, las adicciones o los valores racistas o sexistas que acompañan al juguete que quiere.

10

Los que son remilgados para comer

El problema

Su hijo es remilgado para comer. Se niega a comer lo que sirve usted a la familia, exige que le cocine una comida especial, o le pide algo para comer a la hora de acostarse. Se descubre usted misma dándole más comida basura de la que le gustaría, porque eso es lo único que come.

Lo que usted quiere es ser capaz de preparar unas comidas para su familia que todos coman y además querría preparar una sola comida cada vez y no una diferente para cada uno de los que son remilgados para comer.

Pensarlo de nuevo y bien

Los niños tienen un poder muy importante sobre los padres en el terreno de la comida. La mayoría de culturas equiparan el alimentar y consolar, o sea el criar como una madre, con la alimentación. Cuando nuestros hijos no comen, nos entra el pánico. Nuestras preocupaciones empiezan pronto: sentimos pánico cuando nuestro recién nacido tarda una semana en aprender a mamar, hay que decidir cuándo empezaremos a darle alimentos sólidos a nuestro niño, sopesar la conveniencia de las dietas vegetarianas frente a las no vegetarianas en el caso del niño que empieza a andar, preguntarnos si y cuándo deberíamos permitirle tomar dulces y alimentos artificiales y, finalmente, cuestionarnos si nuestro hijo en edad escolar recibe una dieta nutritiva cuando únicamente consume hamburguesas, pizzas y macarrones.

Aquí y ahora anuncio que yo adopto una postura muy dura a la hora de ceder a los caprichos de los niños a la hora de comer: estoy absolutamente en contra.

Usted no quiere hacer pasar hambre a nadie de su familia, pero tampoco quiere que las comidas de su familia obedezcan al único dictado de su hijo. Muchas personas que disfrutan cocinando se desaniman cuando el menú queda reducido a complacer a los niños.

Yo recomiendo un plan de comidas que sea sencillo, nutritivo, traslade la responsabilidad de comer al niño y mantenga a los padres fuera de ese peligroso exceso de involucración que puede dar por resultado desórdenes en la alimentación.

Cómo se puede promocionar una alimentación sana

1. Haga un plan de tres comidas al día para la familia (sus hijos pueden ayudar) que incluya algo que el cocinero o cocinera quiera cocinar y una comida que llene y alimente como pasta, arroz o patatas para los más remilgados.

2. Si quiere puede darle también uno o dos tentempiés, pero asegúrese de que se trata de comida sana como fruta, vegetales frescos o yogur. Las directrices alimenticias más recientes recomiendan que las dietas estén compuestas, en su mayor parte, por frutas, vegetales, legumbres y cereales y en menor por proteínas y lácteos, y en las que las grasas sean sólo un pequeño porcentaje de las calorías diarias.

3. Como regla general, no permita que entre horas se coman cosas que puedan interferir en el apetito de los niños a la hora de las comidas. Si quiere ser algo flexible con la gente de su casa a la que le gusta «picotear», tenga siempre una cesta con fruta en un lugar visible de la cocina o un contenedor con vegetales limpios y cortados que se puedan comer crudos, en la nevera. Una regla factible en muchos hogares es la de que «puedes comer siempre que quieras si se trata de un alimento que yo estaría contenta de servir en una comida» como una manzana, una ensalada, galletas o cereales integrales o un huevo duro.

4. Evite, tanto como sea posible, los alimentos fritos, salados, dulces y con colores o sabores artificiales. No sólo son insalubres sino que estropearán el

gusto de su hijo respecto a otros alimentos. Si se llenan de patatas fritas y refrescos de cola, no quedarán satisfechos con la dulzura natural de la fruta, el sabor sutil de los vegetales, o la fragancias de las hierbas y las especias. Si prefiere usted que no lo coman, no lo compre.

5. Informe claramente a todo el mundo que espera que todos estén en casa a la hora de comer y se sienten juntos a la mesa. Si tienen un horario caótico en que todos los adultos trabajan fuera de casa, intente —por lo menos— que coman todos juntos un par de veces a la semana. Hay familias que tienen la costumbre de comer juntos el domingo. Algunos creen que el desayuno es el momento ideal para pasar juntos unos cuantos minutos.

6. Aparte de las felicitaciones para el cocinero, no permita que la conversación se centre en la propia comida. Hable de las actividades diarias o de lo que está previsto para esa semana. Asegúrese de hacer un comentario respecto a un niño que esté comiendo bien, que esté dispuesto a probar algo nuevo y demás. El que los padres alaben a un hijo acostumbra a ser una inspiración para otro:

> (Francisco está devorando sus guisantes.)
> Mamá: ¡Vaya, Francisco! Está claro que te gustan esos guisantes.
> Rafael: Mamá, yo también los he probado. No son malos.
> Mamá: Es estupendo que los hayas probado, Rafael.

7. Sirva porciones pequeñas a los remilgados. Una cucharada o dos pueden ser suficientes. Parecerá más atractivo y el niño siempre puede pedir más.

8. No importune a su hijo para que coma. Imponga una regla: *«Tienes que probarlo todo una vez. Si no te gusta, no tendrás que comerlo más.»* Siempre me ha sorprendido la respuesta de mis hijos cuando han probado algo que pensaban que no solo no les gustaría sino que lo odiarían: «No está mal» o «Puedes darme un poco más».

Hay familias que utilizan la regla de los «tres bocados» para comidas sobre las que los niños no están seguros. Esta regla sustituye al peligroso club del plato limpio de los años cincuenta. Está claro que no debe usted obligar a un niño a comer tres bocados de una comida que, de verdad, le haga vomitar.

9. No tenga nunca la televisión puesta durante las comidas (excepto, de tarde en tarde, cuando se trate de una noche de cine con una pizza).

10. No se rinda para siempre jamás en cuanto a un alimento, como puede ser el pan, la pasta o el arroz integrales, o ciertos vegetales. Si su hijo no lo quiere, sáquelo del repertorio y vuelva a ponerlo al cabo de un mes o dos. El gusto de los niños se desarrolla y cambia rápidamente. Mis hijos me sorprenden ahora pidiéndome y comiendo las comidas y alimentos que durante meses o años se han negado a tocar.

11. Piense de manera creativa. Haga los sándwiches con una rebanada de pan blanco y la otra de pan integral. Ponga algo de espinacas en una tortilla o una lasaña. Ponga algo de brécol en un plato de pasta y parmesano y luego, cada vez que sirva ese plato, incremente la cantidad de verdura.

12. No ceda excesivamente a los gustos diferentes de los miembros de la familia. Encuentre la manera de animar a todos a comer la misma comida. Mis hijos casi me han vuelto loca al no querer todos la misma comida al mismo tiempo. Para animar a mi hijo a comer espaguetis a la marinara (el plato favorito de su hermana) empecé a darle los suyos con una cucharada de esa salsa y llenos de parmesano. A lo largo del último año he ido incrementando lentamente la cantidad de «salsa roja». La semana pasada quedé alucinada cuando me pidió «más salsa» como su hermana hace siempre.

Cómo decir no y mantenerlo

1. Si su hijo hace comentarios negativos como «esto es asqueroso» o «¡qué mal huele!», corríjale diciendo algo así:

> *Los comentarios poco amables respecto a mi manera de cocinar no son bien recibidos en esta mesa. Si prefieres que no vuelva a servir esta sopa, te agradeceré que me lo digas después de cenar.*

2. Después de que haya manifestado claramente la regla, ignore los comentarios negativos cambiando de tema, o distrayendo la atención o centrándola en el niño que esté comiendo bien o llevando una conversación adecuada:

José: Lo odio.
Jaime: A mí me gusta.
Papá: Me alegra que te guste, Jaime. Chicos, decidme cómo fue hoy el entrenamiento de fútbol.
José: Papá, ¿puedo comer más pescado?

Jaime: ¿Cómo puedes comer eso?
Papá: Claro, José, pásame tu plato. ¿Quieres más arroz, también?

Está claro que si un niño sigue haciendo comentarios negativos, puede administrarle la consecuencia de abandonar la mesa durante unos minutos.

3. Si su hijo se niega a comer, diga con tranquilidad: *«Tienes que comer tres bocados»* o *«Me gustaría que probaras un bocado».* Darle un recordatorio, puede servirle de ayuda: *«Acuérdate, esta noche no voy a cocinar más.»* Luego, limítese a ignorar el hecho de que no coma. Su directriz básica es: «No se pelee por culpa de la comida.»

Algunos niños responden a: *«Si quieres comer postre, tienes que comer tres bocados de estofado.»* Sí, es cierto, existe un peligro en la utilización de dulces como recompensa, pero el peligro mayor es el de convertir la hora de la comida en una pelea. Si tiene la costumbre de servir postre, establezca la política de que el postre es un pequeño obsequio que todos reciben si han comido bien. Sin embargo, no haga que el postre dependa de haber dejado el plato limpio.

4. Ninguno de los adultos de la casa debería abandonar la mesa para cocinar algo para el niño que hace pucheros y que se niega a comer lo que se ha servido. En el caso del niño que exige una comida diferente, tiene usted dos posibilidades:

- Diga sencillamente *«No».*

- Diga: *«Si no te gusta lo que tenemos para comer, puedes comer fruta.»* O puede hacerse (siempre el niño) unos huevos fritos (si es que ya le permitimos usar la sartén y el fuego), una tostada con queso o algo que se pueda calentar en el microondas, pero las cosas que lleven azúcar, deben guardarse para los postres.

Yo prefiero el enfoque del *«no»*, pero si prefiere usted el «háztelo tú», está bien. También debería esperar que él limpiara cualquier cosa que ensucie en la cocina, incluyendo la propia cocina.

5. Si su hijo se vuelve mal educado o es un estorbo en algún sentido, debe abandonar la mesa durante un corto periodo de tiempo. Puede hacerlo usted administrándole un tiempo fuera de juego o diciendo: *«Vete a tu habitación. Cuando estés dispuesto a hablar educadamente (no dar patadas, comer con*

el tenedor, masticar con la boca cerrada) vuelve a la mesa.» Está claro que debe usted ignorar cualquier discusión.

6. Si su hijo se niega en redondo a comer, olvídese de sus reglas de «pruébalo una vez» o «tres bocados». A menos que su hijo pierda peso repentinamente (en cuyo caso debe consultar a su médico), no es peligroso para él quedarse sin comer de vez en cuando. Recuerde, su papel es el de mantenerse fuera de la batalla.

Lo único que sí debe exigir es que su hijo se siente a la mesa durante las comidas. Dele la misma conversación que a los que están comiendo. Si no come y decide no hacerse nada para comer, más tarde no le prepare nada. Esa noche no se va a morir de hambre y lo más probable es que por la mañana desayune de una manera sensacional.

7. Si, una vez que su familia sigue su plan de tres o cinco comidas al día, resulta que su hijo acostumbra a no tener hambre a la hora de las comidas, compruebe sus costumbres. Busque señales de que se para a comer hamburguesas de camino a casa después de la escuela, que come porquerías en casa de un amigo, o que debajo de la cama tiene restos de caramelos o chucherías procedentes de fiestas de cumpleaños o de cualquier otra celebración.

8. No se deje conmover por los gemidos de un niño que dice «Tengo hambre» a la hora de acostarse y que acostumbran a ir acompañados de gestos asiéndose la tripa a la altura del ombligo. Es más que probable que se trate de una táctica para retrasar la hora de acostarse. Una buena respuesta es: *«Entonces mañana podrás comerte un desayuno sensacional.»*

9. Si están preocupados por que su hijo pueda presentar síntomas de anorexia (matarse de hambre) o de bulimia (vomitar para poder controlar el peso), o si observa una pérdida o aumento de peso significativo (señal de depresión), consulte inmediatamente a su médico.

11

Los dulces

El problema

Su hija exige dulces, chicles, refrescos azucarados y postres continuamente. Consigue gran cantidad de ellos, gracias a todos los cumpleaños y fiestas a los que acude. Usted no puede acceder a todas las solicitudes de azúcar sino es que quiere que se le caigan todos los dientes. ¿Es capaz —aunque sólo sea la mitad de veces— de aceptarlo de buen grado o por lo menos en silencio, o no?

Pensarlo de nuevo y bien

El mundo está lleno de cosas tentadoras y no todas son tan sensacionales para nosotros. Las golosinas llenas de azúcar y mantequilla son sólo parte de la alimentación y como resulta que no puede dejar la decisión en manos de sus hijos, usted y su pareja tendrán, de nuevo, que ofrecerse voluntarios para hacer de malos, encarnando a lo que llamaremos la policía de los dulces.

Son muchas las familias que intentar evitan la introducción de dulces hasta que sus hijos se ven expuestos a ellos (en fiestas de cumpleaños, Navidades, Reyes, Pascua o en otras festividades). No es un mal plan y es posible que se salga usted con la suya durante un par de años. Hay padres que llegan a extremos realmente extraordinarios como llevar comida alternativa a las fiestas (pasas, galletas, yogures) esperando aliviar las ansias que sus hijos sienten por los pasteles y el ponche. Está claro que cuando el niño es lo bastante mayor para darse cuenta de que está recibiendo un «agasajo» diferente al del resto de los asistentes a la fiesta —incluyendo a su madre, que está tomando un refresco de cola de régimen y lamiéndose los dedos que tiene llenos de la escarcha de los pasteles—, la doble moral puede causar más daño del que hubiera causado una pequeña porción controlada.

Usted quiere proteger la dentadura de su hija de una caries temprana, mantener intacto el apetito que siente por la comida nutritiva y conseguir que su gusto por lo dulce no se desarrolle demasiado. Es posible que no se sienta tan mal con respecto a los dulces hechos en casa o «naturales», pero puede que esté muy en contra de los «zumos de fruta» cargados de productos químicos, los productos de repostería, especialmente los industriales, que están exageradamente preservados, el chicle con o sin azúcar, y cualquier cosa de un color que no existe en la naturaleza.

Sea cual sea su filosofía respecto a los alimentos sanos y no tan sanos, una y otra vez va a tener que enfrentarse a las preguntas de qué cantidad, cuándo y qué clase de dulces puede permitir y, alguna que otra vez, va a ser necesario que diga «no» a los dulces. Es probable que la solución se encuentre en esa buena y vieja máxima: «moderación en todas las cosas».

Cómo conseguir que coma la menor cantidad posible de dulces

1. La manera más sencilla de reducir al mínimo el consumo de dulces es no tenerlos en casa.

2. Fíjese en sus propios hábitos a la hora de comer dulces. Los niños hacen lo que ven que hacemos nosotros y no lo que decimos. Tengo un cliente que insiste en que sus hijos coman cereales saludables, pero él es un adicto a los que están cubiertos de azúcar de colores y que crujen al masticarlos. Le he advertido de que está librando una batalla perdida. (Si tiene que tener usted una doble moral, coma sus dulces en un lugar en que no le vean.)

3. Tenga un plan de comidas muy claro (vea el capítulo 10 «Los que son remilgados en el comer»). Tres comidas al día. Un par de comidas ligeras sanas, tipo bocadillo. Poca grasa, poca sal y poco azúcar. Muy poca comida rápida. El ansia de comer dulces es un problema menor de salud si sólo se trata de un suplemento y no de una sustitución a la comida nutritiva.

Llegue a un acuerdo con su pareja (a fin de que el uno no desautorice al otro) respecto a la cantidad, tipo y frecuencia de dulces (chicles, refrescos y cereales azucarados y coloreados artificialmente) que van a permitir. Si tienen usted posturas opuestas respecto a las golosinas, encuentren un punto de vista intermedio.

Una cosa a tener en cuenta es la moderación. No tienen necesidad de tomar postre cada día (la fruta no se considera un postre). Nosotros hemos reducido el consumo de postre a dos veces por semana, en la cena del viernes y en la comida del domingo. Los niños se han adaptado y parece que lo disfrutan aun más que antes.

4. Haga saber a sus hijos las normas respecto a dulces y aténgase a ellas. Una vez que su hija las sepa y las comprenda, puede relajarlas un poco en las fiestas, cuando un invitado traiga algún dulce para los niños, en vacaciones y cuando salgan a comer fuera.

5. El comportamiento y costumbres de su hija es lo que puede dar forma a sus reglas respecto a dulces:

- Puede usted pensar en relacionar los dulces con una buena higiene bucal. Si su hija se cepilla a conciencia los dientes y utiliza bien la seda dental, con lo que los informes de su dentista son buenos, puede ser usted algo más flexible.

- Tenga en cuenta los gustos de su hija. Mis hijos, Miranda y Kyle parecen felices (por el momento) disponiendo de comida basura con moderación (a diferencia de su madre, que está intentando aprender de ellos). En época de vacaciones, cuando hay caramelos a su alcance, acostumbran a pedir permiso antes de comprarlos y uno o dos parecen satisfacerles.

- Para otros niños, un bol de caramelos es una tentación demasiado grande. Cuando Abby, la amiga de Miranda, viene a casa, los caramelos y demás chucherías desaparecen a puñados. En casa de Abby no se permite la entrada de dulces. ¿Ha sido esa la causa de esa ansia insaciable? Es posible. O puede que Abby fuera extremadamente golosa en cualquier familia. Si tiene usted un niño como Abby, ayúdela manteniendo los dulces fuera de la vista.

- Tenga bocadillos sanos a mano y a la vista. Un bol de mandarinas puede impedir que su hija se lance a la búsqueda y captura de galletas o que un resto de porciones de queso en la nevera pueda ahuyentar el hambre y la tentación.

~ Ayude en Halloween o en cualquier otra fiesta, incluidos los cumpleaños, en la que sea costumbre repartir dulces, bombones, caramelos y otras chucherías por el estilo. Mi dentista recomienda que en esta noche tan especial (o cualquier otra según el país) nos rindamos. Dígales a sus hijos que pueden recoger todos los dulces que quieran, pero que tirará los que queden después de la hora de dormir. Con este plan los niños se lo pasan divinamente. Comen hasta que la sola visión de los dulces les pone enfermos. Y sí, llegan a parar. Se vuelven muy selectivos a la hora de elegir, porque saben que no van a ser capaces de comérselos todos esa noche. Cuando estén en la cama, tire usted los que queden según lo acordado. (Si este plan le parece algo severo, haga que los niños elijan uno de ellos para el postre del día siguiente.) Se sentirá rara tirando esos dulces tan buenos pero así, más adelante, no habrá bolsas pegajosas de dulces debajo de las camas de sus hijos, tentándoles día tras día hasta que se hayan terminado todos (aunque ya estuvieran rancios).

Cómo decir no y mantenerlo

1. Si su hija le está pidiendo una golosina y decide usted que la respuesta debe ser «no», dele una orden clara. Mírela a los ojos, inclínese hacia ella y diga sencillamente, *«No querida, falta demasiado poco para la cena.»* Si parece que va a aceptar su orden, diga: *«Gracias por entenderlo.»*

Está bien que le diga lo que sí puede comer: *«Hay zanahorias y manzanas o pan y margarina. Puedes comer algo de eso.»*

Si empieza a gruñir o a suplicar, rompa inmediatamente el contacto visual. Si está usted con otras personas, vuélvase tranquilamente hacia ellas e inicie una conversación. Si está sola, limítese a abandonar la habitación para dedicarse a sus tareas en otro lugar.

2. Recuerde, puede anunciarle que va usted a ignorarla:

«La respuesta es no. Raúl y yo estamos hablando y no vamos a escuchar nada de lo que digas al respecto.»

Devuelva su atención a su amigo e ignore sus lloriqueos hasta que cesen. Si para pero se queda a su lado, puede sonreírle o darle un pequeño abrazo, o susurrarle *«Gracias»*, y seguir con su conversación.

3. Si ella la obsequia con una rabieta de tamaño natural, tirándose al suelo gritando y pataleando, tiene usted tres posibilidades:

- Mi favorita: ignorar completamente el berrinche hasta que cese. Obtendrá usted la victoria del establecimiento de la credibilidad paternal o maternal y, de hecho, reducirá la posibilidad de grandes pataletas en el futuro. Dedíquese a conversar con alguien como si su vida dependiera de ello. Mantenga una sonrisa en su casa y hable con sus amigos, aunque sea con los dientes apretados. Suplíqueles: *«Ayudadme a soportarlo, ignorar las cosas no es mi mejor cualidad.»* O diga: *«Ven, te voy a enseñar mis plantas (dibujos, bordados, lo que sea)»*; y lleve a su amiga a otra habitación.

- Ofrezca un trato de cuando/luego:

  Cuando me hables sin gritar, te escucharé.

- En ese mismo momento vuelva a su conversación e ignórela hasta que se controle y sea capaz de «utilizar sus palabras» en lugar de su volumen.

- Dele un aviso de una consecuencia:

  Si sigue gritando de ese modo, te impondré un tiempo fuera de juego.

- Por supuesto, si después de un momento ella no se detiene, debe imponerle un tiempo fuera de juego.

4. Tan pronto como su hija deje de importunarla o de gritar por el chicle, o lo que sea, se vaya a jugar, cambie de tema, o inicie otra conducta que a usted sí le guste, alábela.

La familia es importante

Todos los miembros de la familia son importantes. Cada uno cuenta. Lo difícil respecto a que cada uno cuenta es que, con frecuencia, alguien de la familia no consigue lo que quiere cuando lo quiere. Está claro que es una lección difícil para el pequeñajo, pero se trata de que hay que enseñarle bien antes de que se convierta en un adolescente.

12

Jurar

El problema

Su hijo jura, maldice o utiliza palabras malsonantes. Elige precisamente las palabras adecuadas para conseguir hacerla saltar o avergonzarla hasta casi hacerla llorar. Ya sea en casa, en el mercado o delante de la abuela, allá van las malas palabras y usted se pone furiosa. No puede creer que su hijo sea capaz de mostrar tan poco respeto.

Pensarlo de nuevo y bien

El lenguaje es un gran problema para la mayoría de padres. Los niños pueden pulsar un montón de botones con su elección de palabras. La mayoría de padres, por muy permisivos, relajados o liberales que sean, tienen un límite cuando se trata de la clase de lenguaje que van a tolerar.

Los niños pueden utilizar malas palabras por muy variadas razones, pero creo que la mayoría de las veces se reducen a tres: conseguir llamar la atención, demostrar exasperación o, en ocasiones, ser deliberadamente malos (como cuando se utilizan insultos). Son mucho más fáciles de solucionar que las picantes costumbres verbales de los adolescentes que salpican su charla de malas palabras porque eso es lo que hacen sus amigos, o que utilizan las palabras como armas de su furia en contra de sus padres.

Creo que los niños utilizan las malas palabras porque las oyen (a miembros de la familia o a otros niños), las prueban, y descubren que producen una reacción muy potente en sus padres. Como sucede con otras malas costumbres, siguen intentando conseguir esa increíble reacción negativa de los padres.

Enfrentarse y solucionar la utilización de las malas palabras es un proceso en dos partes: 1) llegar a un acuerdo con su pareja respecto al lenguaje que aceptarán y el que no y 2) utilizar un plan de establecimiento de límites para detener las malas palabras cuando se produzcan.

Hay que atajarlo tal como se va produciendo

1. ¡Vigile su propio lenguaje! Los niños hacen lo mismo que hacemos nosotros y no lo que decimos que hay que hacer. Créame, aquí no se puede llegar a ningún compromiso. Como yo misma he tenido problemas en el campo de las palabrotas, he intentado introducir la idea de que la utilización de palabrotas, como conducir un automóvil, tomar una copa, o estar levantado hasta medianoche, es un privilegio de los mayores que mis hijos podrán tener cuando tengan veintiún años o se vayan de casa, lo que suceda primero. Es posible que tenga una lógica sensacional, pero no produjo los hábitos que yo quería y tuve que recurrir a limpiar mi manera de hablar.

2. Deje bien claro que algunas palabras no son aceptables. Explique que hacen daño a los sentimientos, producen vergüenza, son irrespetuosas, irreverentes, vulgares, racistas o sexistas, y no serán toleradas.

3. No permita que la temprana aparición de palabrotas la saque de sus casillas. En el caso de los niños que empiezan a andar, su mejor defensa es ignorarlos. Ya han notado la rápida reacción que han conseguido con el «caca, pi-pi» y demás. Con su hijo puede utilizar un sencillo anuncio de que va a ignorarle:

Mis oídos no escuchan palabras tontas como esas. Dejan de funcionar.

Dese la vuelta y tome un periódico e ignore las pocas palabras más que puede esperar que siga emitiendo antes de que lo deje.

4. Cuando el niño en edad escolar prueba las malas palabras en casa, al principio puede intentar ignorarle. Es cierto que es posible evitar el uso de gran cantidad de malas palabras, ignorándoles. De hecho, yo creo que la combinación de ignorar las palabrotas en casa y el ponerles límite en público es la manera más rápida de que dejen de decirse completamente. La razón de que ignorarlas

funcione en el caso de los niños entre dos y doce años de edad es que, gran parte del tiempo, las utilizan para conseguir una reacción negativa. Si no reaccionamos, tienen menos razones para jurar. Recuerde, los niños no acostumbran a jurar estando solos.

5. Permita la utilización de un cierto lenguaje en los momentos de frustración. Mi hijo consiguió dejar de jurar pasando primero a jurar en alemán. No estoy segura de dónde consiguió la traducción pero fue mucho más fácil de soportar.

6. Alabe a su hijo por utilizar palabras apropiadas. Si en un momento de frustración le oye decir palabras aceptables, dele las gracias. Si hasta ese momento su lenguaje ha sido especialmente malo, puede incluso que tome en consideración el darle una pequeña recompensa.

7. No se tome las malas palabras de los niños a título personal. El niño mayor puede que se contagie de sus amigos y lo pruebe en casa. Si usted reacciona excesivamente, es posible que incremente su utilización. Transmítale un recordatorio sencillo y calmado: *«Juan, preferiría no oír eso en esta casa.»* ¿Quién sabe? Es posible que la respuesta sea: «De acuerdo, mami.»

8. Quítele la fuerza: diga usted las palabrotas. Digamos que a su hijo le cae algo sobre un pie y grita: «Mierda.» Usted responde tranquilamente: *«Cariño, siento mucho que te hayas hecho daño en el pie pero, por favor, no digas «mierda» cuando yo esté por aquí.»*

9. Utilice un cuadro de buen comportamiento. Uno de los puntos debe ser «con un recordatorio utiliza un buen lenguaje» junto con varios puntos más, de los cuales por lo menos tres sean fáciles de conseguir para el niño.

Premie a su niño con una pegatina cuando haya utilizado sólo palabras buenas durante todo el día (el recordatorio permite un *lapsus linguae*). Si se olvida, deje el espacio en blanco. Alabe los éxitos e ignore los fracasos.

Puede vincular las pegatinas con una recompensa que él puede hacer efectiva durante el fin de semana. Por ejemplo, si la pegatina de cada día vale un punto, cada vez que se haya ganado seis puntos podrá sacar algo del cofre del tesoro (vea el glosario).

Cómo decir no y mantenerlo

1. Si el niño sigue utilizando malas palabras, es posible que —a pesar de sus enfoques más positivos o discretos— tenga que recurrir a utilizar una consecuencia. Antes de impartir una consecuencia es de lo más eficaz utilizar un aviso a fin de que su hijo sepa, claramente, qué es lo que puede esperar. El aviso hace de recordatorio. Su hijo sabe lo que se le viene encima y tiene una buena posibilidad de contenerse. Una consecuencia es la retirada de un privilegio:

- que tenga significado para su hijo,
- sobre el que tenga usted control,
- que está usted dispuesta a retirar
- y que es mínimo.

Hay familias que opinan que poner una multa de veinte o veinticinco pesetas por palabra es una consecuencia rápida y eficaz. Un tiempo fuera de juego funcionará bien en público. Y, como siempre, eliminar parte del tiempo de televisión o de juegos puede también ser muy eficaz.

2. Nunca, nunca, nunca lave la boca de su hijo con jabón. En ocasiones oigo a padres que dicen que funciona, pero no puede decirse que sea una consecuencia «mínima».

13

«Pero los demás sí pueden»

(Ir a dar una vuelta por el centro comercial y otros horrores)

El problema

Su hijo insiste en que le permita hacer algo que usted cree que no debería hacer (porque es peligroso o porque es demasiado joven, por ejemplo) y su queja es: «Pero todos mis amigos pueden.» Quiere ir en bicicleta por calles llenas de tráfico, no volver a casa hasta que haya anochecido, ir al cine con un amigo, o salir del patio de recreo de la escuela para ir a un restaurante de comida rápida.

Lo que usted quiere es que su hijo esté a salvo y que respete las reglas. A él no tienen porque gustarle pero sí que tiene que seguirlas y usted preferiría no tener que discutir encarnizadamente sobre el tema cada semana.

Pensarlo de nuevo y bien

Todos los padres se enfrentan al dilema de cómo proteger a sus hijos pero no exageradamente, de cómo equilibrar el que su hijo esté a salvo frente a su verdadera necesidad de aumentar su independencia y las oportunidades de aprender lo que es la responsabilidad y la manera de ponerla en práctica.

El bebé que está aprendiendo a andar necesita que usted suelte su mano y, por lo tanto, corre el riesgo de dar un tropezón. Si usted insiste en tenerle asido de la mano todo el tiempo, jamás aprenderá a andar. De igual modo, un niño de cuatro años necesita empezar a explorar la vida que está más allá de las faldas de su madre o la puerta de su casa, un niño de diez años necesita explorar el vecindario y uno de catorce necesita explorar su comunidad.

Esos entornos no siempre son seguros. Cada padre o madre debe utilizar su juicio a medida que vayan surgiendo las oportunidades. Su hijo querrá la opción menos restrictiva y puede tener una rabieta en respuesta a su «no», pero al final debe usted implantar reglas que hagan que se sienta usted cómoda. Cuando las haya establecido, a su hijo no le gustarán, pero sabrá (de manera inconsciente) que usted lo hace porque su seguridad es de la máxima importancia para usted.

Tenga cuidado de no ser un padre o madre que reacciona de manera instintiva. Cada vez que su hijo solicite una de estas oportunidades de ser independiente, estúdielo cuidadosamente. Evalúe las preocupaciones que acechan detrás de su impulso inmediato de decir «no». Estudie bien sus opciones. ¿Hay un punto intermedio? ¿Una manera de que pueda decir «sí» sin que su hijo corra riesgos?

De igual modo, si tiene tendencia a ser un padre o madre que «dice sí, de manera automática» (y lo más probable es que sea el hijo o la hija de un padre de los que dicen «no, de manera automática») o un padre que quiere decir «no» pero que quiere evitar las confrontaciones a toda costa (o que piensa que no puede controlar a su hijo y que éste hará lo que quiera, de todos modos), tenga presente que su responsabilidad como padre es que su hijo esté a salvo y seguro. En estos tiempos, el mundo es un lugar demasiado peligroso y los límites que usted establece son esenciales para proteger a su hijo. Y a pesar de que los niños no lo admitirán jamás, es frecuente que se sientan muy aliviados cuando usted impone unos límites.

Tenga bien presente que su tarea como padre es darle a su hijo cada vez más independencia a fin de que cuando termine el instituto se sienta preparado para abandonar el hogar y acudir a la universidad, a su entrenamiento o a su carrera. Tiene un camino muy largo que recorrer y usted le ayuda proporcionándole oportunidades de que dé pasos pequeños y seguros.

Cómo conseguir que su hijo respete las reglas (¡cuando otros niños no las tienen!)

1. Cuando su hijo le haga la solicitud —digamos que quiere ir a dar una vuelta por el centro comercial con un grupo de amigos— pregúntele qué es lo que piensa de ello. A veces los niños piden que se les deje hacer ciertas cosas porque otros niños les dicen «¡Ve y pregúntaselo a tu madre!». Puede que averigüe usted que él se siente muy incómodo con el plan y que está más que aliviado cuando usted dice «no».

2. Si está claro que él quiere ese privilegio y usted tiene dudas al respecto, hable de ello con su pareja. Si no tiene ni idea de lo que es apropiado y seguro en estos tiempos, hable con los padres de los amigos de su hijo o de otros niños del vecindario que sean ligeramente mayores, para ver la manera en que manejarían o han manejado la situación.

Piense en algunas opciones que a su hijo puede que le gusten y que sean seguras. En el caso del ejemplo del centro comercial, el padre o la madre podrían acompañarlo hasta allí pero luego deberían dedicarse a comprar o a ver escaparates por separado de su hijo y sus amigos. Una posibilidad es que los chicos —después de haber sincronizado los relojes— vayan a ver una película o utilicen su asignación para jugar a las máquinas durante una hora y luego se reúnan en un punto y hora previamente acordados.

Tome una decisión, junto con su pareja, respecto a si la respuesta debería ser «sí» o «no» o «bajo las condiciones siguientes».

3. Informe a su hijo de la decisión. Si la acepta, alábele:

> *«Aprecio mucho que lo entiendas y que aceptes mi decisión.»* (Si no lo hace, siga leyendo.)

4. Dígale bajo qué condiciones puede disfrutar del privilegio, por ejemplo:

> *«Papá y yo nos sentiremos cómodos dejándoos en el cine para que veáis la película mientras yo hago unos cuantos recados en el centro comercial. Me reuniré contigo cuando se haya terminado. No estarás completamente sólo pero es un comienzo.»*

> *Si quieres ir con el hermano mayor de Roberto, nos parecería bien porque él tiene dieciocho años y es un chico muy responsable.*

5. Intente ser imparcial y consecuente, sopese cada decisión por separado y tome en cuenta la maduración actual de su hijo. Piense en «dar pasos pequeños que conduzcan a una mayor responsabilidad». A la edad de seis años, los niños ya pueden sentarse en su propia mesa en un restaurante de comida rápida. A los ocho años, pueden sentirse cómodos en la tienda de animales de compañía mientras usted está en la tienda de postales de la puerta de al lado. A los diez pueden estar seguros en la librería o en la tienda de juegos durante media hora o más (la seguridad depende, por supuesto, del lugar en que vivan, especialmente si se trata de una gran ciudad). A los doce años es posible que puedan ir al cine si el padre o la madre los llevan allí y los recogen después de la película.

Si su hijo ve que a medida que va creciendo se gana más privilegios, puede darse cuenta de que «todo llega para aquellos que saben esperar» y confiará en que usted le irá concediendo cada vez más libertad.

Si, cuando ustedes aflojan las riendas, su hijo no maneja bien el nuevo privilegio (no está en el punto fijado a la hora de la recogida, el personal de seguridad tiene que apartarle por haberse comportado mal, etcétera), debe perder ese privilegio durante un cierto periodo de tiempo, digamos unos dos meses. Eso no es exageradamente punitivo sino que sólo se trata de posponer el privilegio hasta que haya madurado un poco más. Luego, con unas expectativas muy claras y unas consecuencias claras previstas, puede volver a intentarlo.

Cómo decir no y mantenerlo

1. Usted no puede impedir que se sienta frustrado y desencantado cuando le diga «no», pero puede comunicar la mala noticia con empatía (vea reflejo en el glosario). Siéntese con él y dígale la conclusión a la que ha llegado. Intente ponerse en su lugar y hágale saber que comprende sus sentimientos.

He pensado muy seriamente en eso de que quieras ir a dar una vuelta por el centro comercial con tus colegas y he decidido que no es lo bastante seguro. Lo siento. Sé que algunos de tus amigos tienen permiso para ello y que te gustaría de verdad poder ir con ellos. Es probable que creas que soy ridícula y exageradamente protectora, o que no confío en ti.

Evite darle una lección. Háblele brevemente de lo que la preocupa pero no se extienda demasiado. Su hijo ya sabe la mitad de sus argumentos y no va a querer escuchar todos los detalles. Estará demasiado enfadado o herido para sopesar la información y debería permitirle que se mime un poco a sí mismo. Más tarde, ese mismo día o durante la semana puede tener otra charla si quiere, pero cuando le está diciendo que «no» él no va a sentirse especialmente receptivo a su sabiduría.

2. Si discute o responde de manera impertinente a su decisión y explicaciones, repita el mensaje utilizando la técnica del disco rayado.

Padre: El tema está cerrado. (Toma el periódico y empieza a leer.)
Hijo: (Gritando.) ¡Eres injusto! ¿Por qué no puedo ir?
Padre: El tema está cerrado.
Hijo: ¿Por qué no puedo? ¡Carlos puede! ¡Max puede! ¡Incluso Toni puede!
Padre: (Sin discutir.) El tema está cerrado.
Hijo: ¡Llama a sus padres! Te dirán que no hay peligro. Está lleno de personas mayores. ¿Qué pasa? ¿Crees que alguien va a pegarme un tiro?
Padre: El tema está cerrado.
Hijo: ¡Es todo lo que sabes hacer! (Imitando al padre.) El tema está cerrado. El tema está cerrado.
Padre: (Pasa la página del periódico y sigue leyendo.)

3. Si empieza a gritar o a maldecir, dígale que va a ignorarle:

No voy a responder a las patadas, los gritos o las molestias. Si tienes alguna información que te gustaría que yo tuviera en cuenta, escríbela en una hoja de papel. Dentro de una hora la miraré. Por el momento, el tema está cerrado.

4. Si tiene una rabieta monumental, siga ignorándole a pesar de que eso requerirá mucha fortaleza de su parte. Puede incluso que tenga que salir de la habitación. Hágalo con tranquilidad para que no parezca que ha conseguido echarle de ahí. Su porte debe indicar que, sencillamente, tiene usted otras cosas que hacer: ir a buscar el periódico (lo que es sensacional), utilizar el cuarto de baño (resulta que usted es un ser humano), ver si se dejó la cocina encendida (¿ese olor es de gas?), devolver una llamada telefónica (a alguien a quien no le importe algo de ruido de fondo).

5. Si sigue sin controlarse, dele un aviso de una consecuencia:

El tema está cerrado. Si sigues chillando y dando portazos, estarás castigado en casa durante toda la tarde.

6. Si se va a escondidas con sus amigos, quebrantando la regla que ha establecido usted, debe darle una consecuencia. La consecuencia debería ser la supresión de un privilegio que sea importante para él y que usted pueda controlar. Debería administrarse inmediatamente y ser por un corto periodo de tiempo, aunque más largo en el caso de niños mayores. En nuestro ejemplo, la consecuencia puede ser que no puede jugar fuera de casa durante el resto del día, se queda castigado en casa todo el sábado, o no puede jugar con sus «compañeros de crimen» durante el fin de semana.

7. Si su hijo persiste en romper reglas importantes que se han establecido para su seguridad, piense en consultar su comportamiento con un terapeuta que esté especializado en formar a los padres a ese respecto.

14

Cosas que hacen que los padres se sientan incómodos

(Quedarse a dormir en casa de amigos, ir andando a la escuela, películas para mayores de 13 años, los canguros y otras cosas)

El problema

Su hija le pide permiso para hacer algo con lo que usted se siente incómodo, como ir a una fiesta y quedarse a dormir en esa casa cuando usted no conoce a la familia, ir a pie (cruzando calles de mucho tráfico) a la escuela, ir a ver una película que usted considera que es para adultos (da miedo, es triste, sexual o violenta), o quedarse sola haciendo de canguro por la noche. A usted le gustaría que su hija lo entendiera —todo lo que es capaz de entender— y que aceptara su «no», aun a pesar de que es posible que usted base más su decisión en sus instintos que en la razón.

A diferencia de los privilegios descritos en el capítulo 13 «Pero los demás sí pueden», usted tiene menos claras estas cosas. Se siente inclinada a decir «sí», pero resulta que siente una duda subyacente —más bien un instinto que una razón bien fundamentada— que no la deja en paz y se pregunta si no estará usted siendo exagerada e innecesariamente cauta.

Pensarlo de nuevo y bien

A veces no tenemos unas razones claras o concisas por las que queremos negarles un privilegio a nuestros hijos. Lo que sucede es que nos sentimos incómodos respecto a algo que ellos quieren hacer. Nuestras vagas e imprecisas razones parecen tontas cuando intentamos expresarlas.

En ocasiones los padres no acaban de confiar en sus impulsos porque fueron educados por padres exageradamente permisivos o exageradamente estrictos. Es posible que tengan miedo de repetir el comportamiento de sus padres o de rebelarse tan ferozmente contra el que se equivoquen en la dirección contraria.

Si tiene usted dudas respecto a un privilegio concreto y reacciona mal cuando su hijo se lo pide, busque el consejo de unos padres en los que confíe o en el maestro de su hijo.

Está claro que ni usted ni su pareja quieren fijar límites de manera arbitraria y su hijo se sentirá más inclinado a aceptar su decisión si puede comprender los motivos en que se basa, así que intente expresar sus preocupaciones con palabras. Si al final esa explicación se reduce a «no me siento cómoda con eso», utilice el plan siguiente para decírselo a su hijo.

La manera de ayudar a su hijos a comprender y aceptar su «no»

1. A medida que su hija/o vaya creciendo intente ser abierta, honesta y justa en sus tratos con ella. Intente que las reglas que usted establezca tengan unas razones muy bien pensadas, seguirlas siempre y aplicarlas con igualdad a todos los niños, teniendo en cuenta su temperamento individual por lo que respecta a la seguridad.

2. Cuando ella acuda a usted para pedirle permiso, consiga que se lo cuente todo y aclare con ella qué privilegio le está pidiendo, exactamente. Averigüe cuáles son sus verdaderos sentimientos sobre el tema, ya que, en ocasiones, los niños nos piden permiso antes de que hayan decidido, realmente, si lo quieren o no. Es posible que ella confíe en que usted diga «no» y la saque del apuro.

3. Dese algún tiempo para pensar diciendo, *«Me gustaría pensar en tu solicitud. Volvamos a hablar dentro de una hora.»* (O al día siguiente, ¡si ella es ca-

paz de esperar tanto tiempo!) Es correcto que usted se tome todo el tiempo que necesite para ello y si ella se resiste un poco, puede decirle: *«Siento la tentación de decir "no", pero si me das algún tiempo para pensar en ello, hay una posibilidad remota de que cambie de opinión.»*

4. Dedique ese tiempo a separar su respuesta emocional (su respuesta refleja) de los hechos reales respecto a la seguridad. Identifique lo que la preocupa y averigüe, exactamente, qué es lo que hace que se sienta incómoda con su solicitud.

5. Si su hija está pidiendo un privilegio del que ya disfruta la mayoría de sus amigas, puede que sea mejor que pida consejo a otros padres para ver si es que está usted siendo innecesariamente cauta aunque, por supuesto, puede usted seguir su ejemplo o no. Hay padres que son exageradamente permisivos, supervisan demasiado poco a sus hijos y tienen tendencia a mimarlos, o que ceden a sus insistencia con demasiada frecuencia. Al final tendrá usted que fiarse de su instinto.

6. Como resulta que se siente usted algo indecisa al respecto, yo creo que está bien que acceda a su solicitud si la presenta de forma tranquila y educada. Siempre hay la posibilidad de que le dé más información o sugiera otros arreglos que representen toda una diferencia en cuanto a su decisión. Por ejemplo, puede usted permitirle:

- hacer de canguro, si encuentra a una vecina que viva en la puerta de al lado, que vaya a estar en casa y que esté dispuesta a hacer de refuerzo de emergencia;

- ver una película para adultos, si usted la ve primero y la encuentra apropiada;

- ir andando a la escuela si encuentra a alguien de catorce años que la acompañe porque ése sea su camino al instituto, o

- quedarse a dormir en casa de alguien, si ella se cuida de que conozca usted, antes, a la amiga y a sus padres.

Cómo decir no y mantenerlo

1. Si llega usted a la conclusión final de que se siente incómoda con su solicitud, hágaselo saber y cuéntele el motivo lo mejor que pueda. Por ejemplo,

dígale que su preocupación primordial es su seguridad y que ésa es la base de su decisión. Dígale a qué edad y/o bajo qué circunstancias cree usted que podrá concederle el privilegio que quiere.

2. Es posible que su hija siga pidiéndoselo o intentando discutir, explicárselo o hacer un trato con usted. Tiene derecho a pensar de manera diferente a la suya pero usted tiene el derecho a tomar la decisión final y a hacer que las discusiones sobre el tema lleguen a su fin.

3. Si en este punto, ella sigue discutiendo, utilice la técnica del disco rayado. Limítese a repetir una frase como: «*He tomado mi decisión y la discusión ha terminado*», hasta que ella reciba el mensaje.

4. Ignore todas las rabietas, el que salga disparada, que cierre la puerta dando un portazo, que haga girar sus ojos o que los ponga en blanco, que masculle palabras ininteligibles, que jure o cualquier otra cosa que haga para expresar su enfado. No tiene necesidad de que le guste su decisión, lo único que debe hacer es atenerse a ella.

5. Cabe la posibilidad de que a la hora de acostarse, o en cualquier otro momento tranquilo pueda usted hablar con ella y ayudarla a hacer las paces. Dele un ejemplo de su propia niñez, si es que puede recordar alguno, cuando sus padres tomaron una decisión que usted comprendió, más tarde, que había sido para bien.

6. Si ella hace, a escondidas, lo que usted decidió que no podía hacer, debe administrarle una consecuencia. Su hija debe respetar sus reglas, se sienta como se sienta respecto a las mismas y por mucho que a usted le costara decidirse a implantarlas.

15

La ropa inadecuada

El problema

Su hija exige vestirse de una manera que usted piensa que es inapropiada. Quiere:

- ˘ llevar ropa de vestir para una ocasión informal,
- ˘ llevar ropa de jugar para una ocasión en que hay que vestir bien,
- ˘ llevar zapatillas deportivas a una fiesta,
- ˘ llevar zapatos de vestir para jugar en la arena,
- ˘ llevar pantalones tejanos rasgados a todas partes,
- ˘ salir sin chaqueta cuando hace frío o
- ˘ ir sin zapatos por el suelo mojado.

A usted le gustaría que su hija se pusiera lo que usted ha elegido para la ocasión o una alternativa razonable.

Pensarlo de nuevo y bien

Los niños disponen de pocas áreas que puedan controlar. Es posible que no sean capaces de controlar su entorno, pero tienen un cierto poder por lo que respecta a sus propios cuerpos. No es de extrañar que los niños se peleen con sus padres por la comida, la manera de peinarse o por el corte de pelo y la elección de la ropa (fíjese en la anorexia de los adolescentes y en la manera creativa, sino chocante, en que se peinan y se visten). Está claro que permitir que los niños dispongan de una cierta flexibilidad a la hora de elegir su ropa es una manera relativamente inofensiva de darle un poco de poder, en un mundo en el que no tienen ninguno.

La elección de la ropa refleja, con frecuencia, los valores o patrones familiares. Hay padres que se sienten cómodos permitiendo que sus hijos elijan únicamente la ropa de jugar, ya que creen que otras ocasiones exigen una ropas más conservadoras («respetuosas») de las que su hijo podría elegir. Hay otros que permiten que sus hijos elijan la ropa dentro de unos límites (la ropa debe hacer juego, estar limpia, ser de buen gusto, no estar rota, etcétera). Y hay padres que se sienten cómodos dando libertad absoluta en la cuestión de la ropa.

Algo que hay que tener en cuenta es su nivel de vergüenza. Es posible que piense usted que no les van a considerar unos buenos padres si la ropa de su hija no cumple ciertas normas. Es posible que se pregunte si el atuendo de su hija es más importante para usted de lo que debería ser, porque está preocupada por cómo se refleja en usted. Una amiga maestra me dijo que le preocupaba que algunos niños intenten tanto quedar bien en la escuela que terminan por quedar demasiado bien: se visten demasiado y así se separan de sus compañeros de clase.

A medida que los niños van creciendo, sus amigos y compañeros de clase influyen, para bien o para mal, en sus elecciones. ¡Lo que es un atuendo absolutamente esencial para su hijo puede ser inaceptable para usted! Cuando llegue la adolescencia, es posible que tenga usted que abandonar cualquier cosa que no sea un pequeño consejo ¡y sólo cuando se lo pidan! Pero por lo que respecta a los menores de doce años lo más habitual será que pueda usted prevalecer en cuestiones importantes de vestuario.

Sin embargo, una vez que se ha dicho y hecho todo esto debo decir que hay momentos en la vida de cada familia en que se debe establecer una norma para que sus hijos la sigan. Y de vez en cuando, habrá algún acontecimiento, alguna ocasión —fiesta, funeral o simplemente ese asqueroso tiempo— en que usted y sus hijos estarán en desacuerdo.

Cómo conseguir que sus hijos se vistan de manera apropiada

1. Establezca algunas reglas de vestir familiares, por ejemplo, que la ropa debe estar limpia y ser apropiada para el tiempo que haga y que en ciertas

ocasiones especiales será necesario llevar ropa especial. A partir de estas reglas, deje que su hija sea tan responsable como quiera de su ropa.

Piense en ello. ¿De verdad le importa lo que elige su hija de nueve años para ir a una fiesta, lo que elige el de tres años de edad para ir a jugar al parque, lo que escoge la de seis años para ir a casa de su amiga, o lo que su hija de once años se pone para salir a comer hamburguesas? Manténgase firme en cuando a la suciedad y la indecencia.

2. Intente conseguir su cooperación antes de chocar de frente. Utilice anuncios, posibilidad de elegir y el trato de cuando/luego.

Un anuncio, unos cuantos días antes de la ocasión le da a su hija algún tiempo para aceptar su decisión:

> *El domingo, iremos a casa de la abuela. Me gustaría que te pusieras el vestido que ella te regaló.*

Una posibilidad de elección le proporciona algo de flexibilidad a su hija, pero lleva implícito el mensaje de «tienes que elegir el uno o el otro»:

> *Para el cumpleaños de la abuela puedes ponerte el mono verde que te regaló o tu vestido azul de fiesta. ¿Cuál eliges?*

Un trato de cuando/luego (o si/entonces) ofrece un incentivo (un privilegio) para que coopere con usted:

> *Si estás de acuerdo en ponerte el vestido que Nana te regaló, yo te regalaré una nueva cinta para el pelo que haga juego.*

3. En el caso de los preadolescentes, pruebe el enfoque de «¿cuál es tu plan?». Cuando le pregunte por su plan, mencione los temas que a usted la preocupan y que quisiera que ella tuviera en cuenta.

> *Me gustaría que estuvieras realmente guapa en la fiesta de cumpleaños de tu tía, el sábado. ¿Qué pensabas ponerte?*

Preguntarle en lugar de decirle lo que debe ponerse le transmite la idea de que usted confía en que sabrá escoger sabiamente. Puede que esté a la altura de la ocasión y le haga una sugerencia sensacional o que le pida que haga usted la selección.

Cómo decir no y mantenerlo

1. Piense bien en su postura antes de dar su primer «no». Si su decisión es racional y está basada en unas razones bastante buenas, aténgase a su decisión. No necesita explicarlo una y otra vez o aguantar toda clase de discusiones. Tal como he dicho antes, a su hija no la ayuda en nada el que ceda usted a una rabieta. Sólo le enseña que con una pataleta conseguirá lo que quiere.

2. Asegúrese de que su hija sabe el motivo por el que ha tomado usted la decisión. Elija un par de frases para aclarárselo:

> *Acabas de estrenar esos zapatos. Tenemos que reservarlos para las ocasiones especiales.*

> *Tus zapatillas deportivas están sucias; están bien para ir a jugar al parque pero no para ir a la iglesia.*

> *Para ir a visitar a Nana quiero que te vistas bien y así verá que la respetamos.*

> *Para ir a jugar puedes vestirte como quieras, pero para ir a la escuela espero que tu ropa haga juego.*

> *Está lloviendo. Acabas de pasar un resfriado y por lo tanto quiero que te pongas una sudadera o una chaqueta.*

3. Reconozca los deseos de su hija utilizando la técnica del reflejo pero deje bien claro que usted ya ha tomado una decisión final:

> *Ya sé que quieres ponerte tus zapatos de vestir. Son muy bonitos y sé que quieres enseñárselos a tus amigas, pero en el recreo se estropearían y entonces no podría ponértelos para ir a fiestas. Ponte las zapatillas deportivas, por favor.*

> *Ya comprendo que, de verdad, quieres ponerte tu ropa de jugar para ir a ver a Nana. Pero se trata del cumpleaños de Nana y todos nos vestiremos de modo elegante para la fiesta.*

4. Si le da una buena razón (de un modo relativamente tranquilo) para que usted cambie su plan, piénselo. Todos somos capaces de tomar decisiones apresuradas y con frecuencia podemos beneficiarnos de información adicional. Si ella le presenta un plan para ponerse sus zapatos buenos para ir a clase y llevarse sus zapatillas deportivas en una bolsa y ponérselas para el recreo, es

posible que a usted no le importe tanto. De igual modo, podría usted pensar en la posibilidad de que llevara ropa de jugar a casa de su abuela y cambiarse más tarde.

5. Para combatir las discusiones, utilice la técnica del disco rayado: siga repitiendo su mensaje. Ejemplo:

Madre: Quiero que te pongas las zapatillas deportivas para ir a la escuela.
Hijo: Son muy poco «guays».
Madre: Ponte tus zapatillas deportivas para ir a la escuela.
Hijo: Tendré cuidado. De verdad. No voy a estropear los zapatos.
Madre: Ponte tus zapatillas deportivas para ir a la escuela.
Hijo: Eres injusta.
Madre: Ponte tus zapatillas deportivas para ir a la escuela.
Hijo: ¿Dejarás de decir eso?
Madre: Ponte tus zapatillas deportivas para ir a la escuela.
Hijo: Está bien. ¡Me pondré (la imita) las zapatillas deportivas!
Madre: Gracias.

6. Siga adelante con su decisión. No permita que su hija salga de casa con la ropa nueva, las zapatillas deportivas sucias, sin la chaqueta, o con la «ropa inapropiada». Queda claro que debe evitar cualquier pelea física, en su lugar dé un aviso de consecuencia.

Si no quitas tus zapatos de vestir, no puedes ir al parque a jugar.

Si no te pones las botas, no puedes salir fuera a jugar.

Si no te quitas los tejanos rotos y te pones unos pantalones más formales, no vendrás con nosotros al cine.

Si no te pones uno de tus dos vestidos buenos para la cena de cumpleaños del abuelo, no podrás quedarte mañana a dormir en casa de Celia.

Si ella rehúsa a cooperar, asegúrese de que la consecuencia se cumple.

7. Y por supuesto, ignore los suspiros, ojos en blanco, murmullos, insultos o contestaciones impertinentes. Dese la vuelta tranquilamente y concéntrese en cualquier otra cosa. Si va a cambiarse de ropa y ponerse la apropiada, diga sencillamente: *«Gracias.»*

8. Siempre que ella esté de acuerdo con su plan para vestirse, alábela. *«Gracias por tu cooperación.»*

16

Mascotas

(Precisamente cuando usted no puede tener una)

El problema

Su hija o su hijo no dejan de pedir una mascota, de hecho se lo suplican. Usted a duras penas puede cuidar de su hijo, su trabajo y su vida, y ya no digamos algo que ensucia, aúlla, suplica, gime, tiene pulgas, suciedad, pelo y que probablemente, algún día, necesitará un funeral.

Pensarlo de nuevo y bien

Éste es uno de los problemas difíciles. Las mascotas son estupendas para los niños, les enseñan a cuidar a los demás, a pensar en las necesidades de los demás, a asumir responsabilidades y a manejar los compromisos. Las mascotas proporcionan una maravillosa compañía, juegos o comodidad. Y aunque hay algunas que son grandes y requieren muchos cuidados, otras son pequeñas y cuidarlas casi no representa esfuerzo alguno.

Pero no todos los lugares en que vivimos son adecuados para las mascotas. Puede que no disponga usted de espacio o de un patio. Es posible que el casero no permita que haya mascotas en el edificio. Un miembro de la familia o un compañero de piso o de habitación puede ser alérgico a los animales. Puede que su familia esté ausente de casa la mayor parte del día o que viaje con frecuencia y puede que usted dude, de verdad, de que la criatura vaya a ser feliz o a estar bien atendida. Es posible que sea cierto que usted no tiene tiempo o energía para cuidarse de un ser vi-

viente más. (Si las plantas se están muriendo, ¿cómo va a sobrevivir un animal?)

Usted puede tener estas u otras buenas razones para no tener una mascota y adivino que está usted leyendo esto porque quiere —o necesita— decir que «no» y está muy cerca de hacerlo. No podrá impedir que su hijo se decepcione y se lleve un chasco, pero sí que podrá ayudarle a aceptar la decepción siendo comprensivo.

Cómo se puede decir no a tener una mascota de la manera menos dolorosa posible

1. Si todavía no ha dicho «no» y sigue habiendo una posibilidad de que cambie usted de idea (lo siento, pero soy la madre de dos niños y ¡tengo un perro, un gato y unas cuantas plantas y cuido de todos ellos yo sola!), tómese el tiempo que necesite para pensar bien en sus sentimientos al respecto. Dígale a su hijo: *«Tendré que pensar en eso»*, y hágalo.

Durante el proceso de pensarlo bien, no permita que su hijo la importune y consiga de usted un «sí» prematuro porque eso no es bueno para ninguno de los dos. Perderá usted su credibilidad de progenitor y el importunarla se convertirá en la mayor herramienta de negociación de su hijo. Hable de nuevo con su hijo cuando tenga la respuesta y aténgase a esa decisión a menos que cambien las circunstancias. Las impertinencias, molestias y rabietas no deben jamás hacer que usted acceda a algo que, realmente, no quiere.

2. Piense en la posibilidad de celebrar una reunión o consejo de familia para discutir los pros y los contras de tener una mascota. Sin embargo, en una reunión de familia usted estará en desventaja. Sus hijos prometerán la luna: «Le daremos de comer, le bañaremos, le sacaremos a pasear, limpiaremos su jaula, recogeremos su caca.» Y lo terrible es que lo dicen en serio. Se ven, de verdad, como felices esclavos de su nuevo mejor amigo. Y usted puede dejarse tentar por sus juramentos. Así que en su lista de contras escriba: «No quiero tener que recordaros que tenéis que alimentarle, etcétera».

Un resultado posible de una reunión de familia es el de disminuir las exigencias en cuanto al tipo de mascota. Querían un perro y usted aceptaría un pequeño roedor que esté bien enjaulado. Sin embargo, la prevengo contra cualquier cosa que exija alimento vivo. No hay duda de que sus hijos descubrirán que necesitan comida para Susie la serpiente (que sólo come diminutos ratones blancos procedentes de la granja de diminutos ratones blancos que está a ochenta kilómetros de distancia) el domingo por la noche (esta historia es rigurosamente cierta). Y por muy buenas intenciones que tengan los niños, la que conduce es usted, ¿no?

3. Utilice el formato siguiente para la reunión de familia:

  ˜ Exponga el problema: «*Chicos, vosotros queréis una mascota. Nosotros los mayores no queremos una mascota.*»

  ˜ Identifique a los componentes del problema:

    Los puntos de los padres:
    Todo lo que ensucia, el tener que haceros memoria, las pulgas.

    Los puntos de los chicos:
    La diversión, la amistad, lo estupendo que será.

  ˜ Soluciones que aparecen durante la tormenta de ideas (anótelas).
    Sin mascota.
    Una mascota más pequeña y sin pelo.
    Una mascota que es una ameba de una sola célula.
    Un tubo o un plato automáticos, para que pueda alimentarse solo.
    La mascota se quedará en el exterior de la casa.
    Se visitará con mayor frecuencia a un pariente que tiene una mascota.
    Se pedirá prestada una mascota para hacer la prueba durante un fin de semana.
    Los niños hacen de canguros de las mascotas de los vecinos durante sus vacaciones y así puede verse cómo se enfrentan a la responsabilidad.
    Se hacen visitas periódicas a una tienda de mascotas o a un zoológico.

  ˜ Elija una solución que usted y sus hijos estén dispuestos a probar.

  ˜ Pónganse de acuerdo en las condiciones. (Eso es muy duro. ¿Qué va a hacer si no funciona? ¿Regalar la mascota? ¿Suplicarle a la tienda para que vuelva a admitir a esa pequeña cosa encantadora?)

  ˜ Celebre una reunión de seguimiento para evaluar el éxito de la solución elegida. Si fuera necesario, realice ajustes en el plan.

Cómo decir no y mantenerlo

1. ¡¡¡PERO YO HABÍA DECIDIDO QUE NO PUEDO TENER UNA MASCOTA!!! ESTE LIBRO TRATA DE CÓMO DECIR «NO», ¿NO ES ASÍ? Sí. Puede usted decir «no». (Tal como lo hice yo dos veces este verano pasado con unos gatitos abandonados.) Su familia no es una democracia sino una monarquía benevolente. Siéntese con su hija y dígale: *«He estado pensado muy cuidadosamente en lo de tener una mascota y me temo que, por ahora, tengo que decir que "no".»*

Está bien que se lamente de ello junto con su hija. Puede usted aprender a lamentarse y a compadecerse por medio de una técnica de *feedback* llamada reflejo. Puede que esto no arregle las cosas, pero por lo menos ella habrá expuesto su caso y le habrán escuchado. Que nos escuchen y comprendan es muy importante para todos nosotros.

Una charla de esta clase podría ser algo parecido a lo siguiente:

María: Quiero taaaaanto un gatito.

Padre: Parece que de verdad quieres un gatito.

María: Sí. Quiero uno de verdad, de verdad, de verdad. Por favor, papi, ¿sí?

Padre: Sé lo mucho que quieres, de verdad, un gatito. Y ojalá tuviéramos uno, pero no podemos tenerlo.

María: Papi, por faaaavor.

Padre: Estás muy disgustada, ¿verdad?

María: Sí. (Empieza a llorar.)

Padre: Ya veo que estás muy triste. Me gustaría poder arreglarlo, pero no puedo.
     (El llanto continúa.)

Padre: A ti también te gustaría que yo pudiera solucionarlo.

María: (Asiente con la cabeza.) No es justo. Todo el mundo tiene una mascota.

Padre: Ya veo, te parece que toda la gente del mundo tiene una mascota, menos tú.

María: (Lloriquea.) Todos mis amigos tienen una.

Padre: Todos tus amigos... Bueno, cariño, espero de verdad que algún día podremos tener una mascota, pero ahora no es el momento adecuado.

María: Pero, papi, ¿cuándo podremos?

Padre: No lo sé. Supongo que tardaremos bastante.

A pesar de que este padre quiere de verdad «solucionarlo», no puede y hace una buena elección. En lugar de intentar aliviar el dolor con razonamientos o consejos —cosa que no calmaría nada—, dice la verdad. No niega los sentimientos o intenta animar a su hija antes de que ella esté preparada para ello. Lo que hace, sencillamente, es permitir que su hija exprese su desencanto.

Es posible que el servir de reflejo no detenga la discusión respecto a una mascota y que tenga que ser compasivo una o dos veces más. Vuelva a escuchar y permita que el niño sepa que usted comprende sus sentimientos.

2. Si alguno de sus hijos tiene desengaños o disgustos que no se calman fácilmente, pruebe alguna de estas maneras maravillosas de ayudarle un poco:

˜ Lleve un diario. A los que sean mayores deles un diario o un cuaderno en blanco y sugiera que escriban en él sus sentimientos. En el caso de un niño que no puede escribir o que no puede hacerlo con la misma rapidez que piensa, adopte el papel del «lápiz». Dígale: *«Yo soy el lápiz. Tú me dices las palabras y yo las escribo. No diré ni una palabra, ni tampoco estaré en desacuerdo o me enfadaré o me reiré.»* Su hijo llegará a tener ese diario como un tesoro que recibirá con agrado sus problemas. Verá usted cómo lo lee una y otra vez e incluso como se lo enseña a sus amigos.

˜ Fabrique un «libro» de sentimientos. En el caso de los niños pequeños que empiezan a andar, el libro debería tener pocas páginas y llevar sólo imágenes o dibujos. En el caso de un libro de «Yo quiero un gatito», dibuje un niño de cara triste y un gatito. Luego saque una foto en la que estén su hijo y usted o las que su hijo quiera (incluso un niño de preescolar puede tomar sus propias fotos).

Ahora pídale al niño que cuente la historia. Escriba las palabras con letra de imprenta debajo de las fotos y grape o cosa las páginas juntas con lo que ya tendrán su libro. Monte otros libros cuando su hijo tenga males físicos o emocionales, prevea cambios en su vida, o necesite aliviar los traumas más importantes de separación, divorcio, o la muerte de un ser querido (o una mascota).

3. Si le importuna de una manera excesiva, es posible que tenga usted que recurrir a ignorarle. Acuérdese de anunciar que va a ignorarle: *«Mira, cielo, sé que quieres una mascota pero como ya te he dicho, ahora no podemos tener una. Y no voy a escuchar más protestas al respecto.»*

4. Si las protestas siguen, limítese a ignorarlo completamente o repita: *«La respuesta es "no".»* O: *«La respuesta sigue siendo "no".»* Mantenga la calma, concéntrese en un periódico e ignórele hasta que deje de protestar. Como siempre, cuando deje de hacerlo e inicie un comportamiento que a usted le gusta, asegúrese de prestarle algún tipo de atención positiva.

> *«Gracias por comprender que, por el momento, no podemos tener una mascota.»*

5. No, repito, no ceda a las protestas, molestias, amenazas, gritos, pataleos, discusiones u otro intento cualquiera de fastidiarla. Lo peor que podría hacer después de haber tomado su decisión es ceder. Dígase una y otra vez: «Tengo todo el derecho a decir "no".»

17

Música, música, música

El problema

Su hijo todavía no es un adolescente, pero la música suena estruendosamente. Sale de una radio, de un tocadiscos, de un casete o de un CD y sale con más potencia de la que usted puede soportar. Lo que usted quiere es paz y tranquilidad. Especialmente, tranquilidad.

Pensarlo de nuevo y bien

Usted fue niño. Puso música y la puso demasiado alta. Volvió locos a sus padres. ¡Quien siembra vientos recoge tempestades! De hecho cualquier refrán haría el mismo efecto porque puede que tenga usted que resignarse a comprarse unos tapones para los oídos, izar bandera blanca y retirarse a su habitación.

A sus hijos pequeños les gusta la música, pero la música se convierte en la sangre y la vida de aquellos que pronto serán adolescentes. Junta a los chicos, les proporciona un marco común de referencia, les proporciona el pegamento para su vida social y les ayuda a establecer una identidad diferente de la de sus padres. Sin embargo, por importante que sea para los chicos, no se morirán si sus padres establecen un límite o dos respecto a su uso y abuso.

No quiero hablar, necesariamente, del contenido musical ya que creo que censurar la música es una decisión muy personal. A mí, personalmente, no me obsesionan las letras, pero eso puede ser porque, de todos modos, no puedo entenderlas. (¿Eso no era lo que decía mi madre? Parece que la estoy oyendo.) En cuanto a las imágenes, yo no permito la presencia de televisión musical en mi casa a causa de la preponderancia de mensajes visuales sexistas y violentos (a menos que la vea con ellos y proporcione unos comentarios claros al respecto).

Dejando de lado el contenido, el problema siguiente es el ruido y las molestias que causa a los demás. Al igual que la utilización del teléfono, el objetivo es equilibrar los intereses de toda la gente que vive en la casa. ¿Los chicos quieren y necesitan música? Sí, es cierto. ¿Tiene usted derecho a un nivel de decibelios razonable? Sí, es cierto.

¿Una vida hogareña sin radio? No exactamente

1. Cuando sus hijos sean pequeños inicie una contraofensiva haciendo que se aficionen (si es posible) a su música favorita. Soy más que aficionada a la música clásica y durante años he conseguido dictar la música que debe salir de la radio de mi automóvil y de mi cocina. Mis chicos se engancharon y ahora canturreamos al unísono. Ya sé que no va a durar siempre, pero he tenido un par de años de placer.

2. Sirva de modelo respetando los derechos de audición de los demás y sus hijos aprenderán de usted. Si el televisor está demasiado alto para alguien, baje el volumen. Si la radio de la cocina está demasiado alta para alguien, baje el volumen. Si la música de los mayores está demasiado alta para los chicos, bájela. Cualquier ruido de la casa es demasiado alto para los vecinos, baje su volumen. No lo apague, sólo reduzca el volumen. Es una solicitud razonable y se merece una respuesta razonable.

3. Deje que sus hijos disfruten de algún tiempo de música libre en que pueden poner la música a un volumen tan alto como permitan los altavoces y saltar por ahí a sus anchas y sin restricciones. Tome un libro sensacional, unos tapones para los oídos e instálese en el rincón más remoto de su hogar. Si disponen de algún tiempo de música libre, podrán soportar algún tiempo sin música. O eso es lo que confiamos que suceda.

Incluso puede usted decírselo claramente: *«Eh, chicos, si queréis poner música y bailar en la salita, de acuerdo. Pero después de las ocho estaré ahí leyendo el periódico y necesitaré tranquilidad.»*

4. Para proteger su audición, invierta en un juego de auriculares. Y lo que aún sería más sabio sería comprar un juego para cada chico y así si el volumen o la clase de música es demasiado para usted, podrá anunciar: *«Chicos, hora de ponerse los auriculares.»* Es posible que tenga que vigilar un poco el volumen para proteger sus oídos. Imagínese cuál sería el mejor nivel para usted (asuma que sus oídos no funcionan demasiado bien y sea conservador) y marque el dial para indicar el límite de volumen. De vez en cuando haga comprobaciones para ver si sus hijos mantienen el volumen en la zona de seguridad.

5. En el coche yo creo que es justo que sea el conductor el que tenga la última palabra respecto al volumen y la clase de música que suena. Conducir exige concentración y a algunos de nosotros ya nos distrae con demasiada facilidad el propio camino. En viajes largos, invierta en auriculares, en cuentos o historias en cinta, o música que pueda gustarles a todos. O cambie los disc jockeys familiares cada media hora y, de vez en cuando, inserte media hora de silencio o de charla. (Vea «Las peleas dentro del coche», capítulo 2.)

6. En ocasiones no se trata del volumen, sino de los graves. Enseñe a los niños a ajustarlos para que la casa permanezca intacta sobre sus cimientos.

7. Dígalo bien claro, la música no puede interponerse en los deberes. Hay chicos que son capaces de estudiar bien con música de fondo, pero si su hijo o su hija están bailando en lugar de trabajar, utilice el trato de cuando/luego:

> *Cuando hayas terminado los deberes y estén en la mochila, puedes poner música.*

Si su hija es capaz de concentrarse y terminar su trabajo con la música puesta, es que tiene un talento muy especial para una adolescente en ciernes, pero también debería intentar aprender a estudiar sin música. Va a tener que ser capaz de estudiar en lugares silenciosos, para que pueda tolerar el silencio de un aula o de la biblioteca. Como muchos adultos han descubierto, es demasiado fácil volverse dependiente de la televisión o de la música como ruido de fondo.

Cómo decir no y mantenerlo

1. Si se infringe la regla de los deberes o del volumen, siéntase en total libertad de poner en práctica el recurso final: desenchufe el aparato o confisque

las pilas. No hay motivo alguno para que tenga que soportar algo que la vuelve loca a usted y a otros miembros de la familia y tampoco hay motivo alguno para que la música prevalezca (a pesar de que puede ser así en el caso de sus hijos) sobre los deberes.

2. Lo mismo para las tareas. Hay chicos que ponen en marcha sus canciones y apagan sus cerebros. Si, cuando suena la música, no puede conseguir que se detengan unos momentos para escucharla, o para dar de comer al gato, o para poner la mesa, sólo tiene que apagar la «bendita» cosa hasta que hayan hecho las tareas.

3. Comprobemos si apagar la música encaja en los criterios de una consecuencia eficaz:

- ¿Tiene significado para su hija?
  Sí, sí, sí.

- ¿Tiene usted control sobre ello?
  Si su hijo la deja que la apague y sigue así, tiene usted control, si no, puede usted establecer el control colocando el aparato en el garaje o cerrándolo bajo llave.

- ¿Está dispuesta a utilizarlo como una consecuencia?
  Absolutamente. De hecho, ¡el peligro está en estar demasiado dispuesto!

- ¿Es mínimo?
  Si es durante poco tiempo, de unos minutos hasta una hora.

Apagar la música parece ser una consecuencia eficaz. Acuérdese de dar primero un aviso, y luego esté dispuesta a seguir adelante. He aquí un ejemplo de una orden, seguida de un aviso y finalmente de una consecuencia:

(Música muy alta. Entra usted. No puede conseguir hacer contacto visual y mucho menos auditivo. Agita los brazos salvajemente. Hace usted la señal de la «T» para indicar tiempo muerto. Alguien baja algo el sonido y usted emite una orden.)

Usted: Chicos, después de esta canción os necesito en la cocina
          para poner la mesa.
Chicos: Bufff... mami. ¿De verdad?

(Usted ignora la observación y se marcha, confiando en que sus amados niños harán lo que les ha pedido. Dos canciones más tarde, vuelve usted, baja la música, da su aviso y se marcha.)

    Usted: Chicos. Esa canción se terminó hace mucho. Os doy treinta segundos para que aparezcáis en la cocina preparados para trabajar, o la música se habrá acabado para el resto de la noche.

(La mayoría de chicos irán en ese momento a la cocina, pero por algún motivo sus chicos la ignorarán. Entra usted una tercera vez, apaga el amplificador —lo desenchufa, si quiere, para hacerlo más dramático— y dice):

    Usted: No hay más música hasta mañana. La cena está lista en diez minutos. Ahora, poned la mesa.

4. Si durante alguno de estos momentos empieza a sentirse culpable, recuerde el concepto de monarquía benigna. Repita su mantra monárquico:

¿Quién paga el alquiler (hipoteca)?
¿Quién lleva la casa?
Yo llevo la casa.
Los trabajos no se harán si yo no los hago.
Los chicos no se moverán si yo no les azuzo.
¿Quién es el malo de la película?
Yo soy el malo.
Es un trabajo solitario
y es todo mío.

Componga su propio mantra. Lo que sea que funcione.

5. Si todo el asunto de la música se le escapa de las manos, celebren una reunión de familia. Utilice los pasos siguientes:

˜ Antes de la reunión, defina el problema.
La música es un problema. No, en realidad el problema es que los chicos me ignoran cuando tienen la música puesta. Estoy harta de tener que azuzarles respecto a las tareas de la casa y de los deberes. Estoy harta de tener que gritar para que me escuchen.

˜ Piense en posible soluciones.
Tirar el reproductor de cintas a la basura.
Esconderlo.
Cumplir una regla: no hay música hasta que se hayan acabado las tareas y los deberes.

Prohíba la música excepto en los fines de semana.

- Vuelva a adjudicar de nuevo las tareas de la casa e insista en que se terminen. Si no se han hecho, no hay música hasta el día siguiente.

- Fije una hora para reunirse y siéntese con la familia.

- Muéstrese fría, tranquila y firme.

- Explique el problema a la familia: «*Chicos, cuando ponéis la música y os pido que hagáis las tareas de la casa me ignoráis.*»

- Pida soluciones: «*He pensado un par de soluciones, pero me gustaría oír vuestras ideas.*»

- Si no hay nadie que esté de humor para solucionar problemas, anuncie su solución: «*Como sea que no hay sugerencias, he de informaros que yo tengo una: música sólo durante los fines de semana.*»

- Puede que esto provoque algún *input*. Permita que todo el mundo participe en una tormenta de cerebros y que presente sugerencias. Un miembro de la familia puede anotarlas. No hagan comentarios al respecto, limítense a anotarlas.

- Elimine las soluciones que cualquiera encuentre inconvenientes («Papá, no puedes tirar el reproductor de cintas a la basura») y táchelas de la lista.

- Fíjese en aquellas que no hayan tachado y pónganse de acuerdo para probar una solución.

- Fije una reunión de seguimiento para evaluar cómo está funcionando el plan. Si funciona, felicite a todo el mundo. Si no lo hace, pruebe otra solución de la lista.

6. No espere que sus hijos pongan freno a la música por sí solos. No tienen motivación alguna para ello. En este caso, usted (y posiblemente los vecinos) son los únicos que padecen y los únicos que están interesados en un cambio. ¿Música fuerte? A ellos les funciona.

Demasiado

«Menos es más.»

Browning

«Moderación en todas las cosas.»

Terence

«Es suficiente y servirá.»

Shakespeare

«Todo tiene su límite. El mucho dulce empalaga.»

Anónimo

«La respuesta es NO.»

Whitham

18

Cuando exigen ropa de marca

El problema

Su hija exige los pantalones tejanos de marca o las carísimas zapatillas deportivas que «todo el mundo lleva». Los tejanos por los que estuvo suplicando hace unos cuantos meses se ven despreciados ahora porque no son «guay», «chulos», «chupi» (o lo que sea) y, además, está claro que no son el tono adecuado de azul. Para que su hermana no le gane, su hijo se niega a que le vean llevando un par de zapatillas deportivas perfectamente decentes que, de la noche a la mañana, se han convertido en «horrorosas». ¡Y usted que había estado pensando en comprar otro par como esas porque le han ido tan bien y han durado tanto! Lo que usted quiere es que sus hijos elijan la ropa y el calzado que su presupuesto le permite comprarles y está cansada, por no decir harta, de los enfurruñamientos, de los ojos en blanco, de los suspiros y más que de nada, ¡de la falta de gratitud!

Pensarlo de nuevo y bien

Érase una vez que usted pensaba que las salidas para ir de compras serían oportunidades de conectar con esa jovencita que no para de crecer, pero se han convertido en la aflicción de su existencia. A nadie le gusta tener que negarse a los deseos de sus hijos, pero 15.000 pesetas o más por un par de tejanos y 30.000 por unas zapatillas deportivas... ¡Por favor!

De nuestra niñez, recordamos lo maliciosos y críticos que pueden ser los «amigos» respecto a cosas tan superficiales como la ropa. Queremos ahorrar a nuestros hijos la crueldad de que pueden hacer gala sus colegas, pero también queremos que vean que en este caso son sus amigos los que están fuera de onda, o sea, equivocados y que la vida no es un pase de modelos. Esperamos ayudarles a poner en práctica unos valores mejores que los que tienen sus colegas y a que tengan la confianza suficiente en ellos mismos, para enfrentarse al ridículo.

He conocido a padres que han accedido a comprar ropa de marca pero que luego se han desanimado al ver el poco o ningún cuidado con que sus hijos tratan esas cosas tan caras. Incluso si puede permitirse ser extravagante, no está usted, necesariamente, haciéndole un favor a su hijo dándole todo lo que quiere. En algún momento de su vida tendrá que mantenerse a sí mismo y le irán muy bien sus lecciones respecto al valor, la calidad y gastar de una manera realista.

Se trata de un problema difícil, pero lo solucionará hablando con sus hijos antes o después, y no durante, el viaje a la tienda.

Cómo no pelearse por culpa de la ropa y seguir estando dentro de un presupuesto

1. Arme a su hijo contra la presión de sus camaradas. Prepárele para un momento en el que puede que no encaje con el grupo. Cuando haga una elección valiente que vaya contra la peña, o corra un riesgo, celébrelo. Esta base puede que parezca que no tiene mucho que ver con la elección de la ropa, pero sí que tiene mucho que ver con hacerse un carácter, lo que ayuda a que los niños se defiendan a sí mismos, defiendan sus ideas y sus decisiones y elecciones, incluyendo la ropa.

Lea libros a su hijo que tengan a desvalidos como héroes o a personajes nada habituales y que alaben la valentía emocional y la fuerza interior. Hable con su bibliotecaria para que la ayude a elegir estos libros para niños de cualquier edad.

Cuando su hijo llegue a casa diciendo que a otros niños les han atormentado o les han gastado bromas por culpa de su físico, su raza, su religión, su categoría social u otras diferencias, utilícelo como momentos importantes de aprendizaje. Pídale a su hijo que se ponga en el lugar del niño al que han molestado y embromado. ¿Qué debía estar sintiendo? ¿Y qué pasa con el abusón o abusones? ¿Por qué han atormentado a su compañero de clase? ¿Qué sintió su hijo cuando lo contemplaba? ¿Qué es lo que hizo? ¿Qué hubiera querido hacer?

2. A medida que su hijo vaya creciendo, explíquele algunas de las realidades de ir de compras. Está bien que le diga: *«Ahora mismo no podemos permitirnos comprar eso»*, o *«Lo que piden por eso es demasiado, vamos a esperar a las rebajas»*, o *«Esto no está bien confeccionado y no vale lo que piden»*. Puede pedir que se lo aparten y usted lo irá pagando poco a poco (gratificación aplazada, un concepto que es útil presentar a esta edad). Dará un buen ejemplo de elegir sabiamente y de ser una compradora cuidadosa.

3. Vayan a comprar juntos para que pueda usted elegir ropa que les guste a ambos. Es frecuente que los padres vayan solos a comprar la ropa de sus hijos, pero poco después de los ocho años —sino antes— esto se vuelve imposible. Usted y su pre adolescente tendrán gustos diferentes y opuestos, a menos que sea usted extraordinariamente afortunada.

4. Antes de salir para ir de compras (¡y antes de que él haya descubierto la chaqueta de cuarenta mil pesetas!), hable con su hijo de lo que él cree que necesita y de lo que usted piensa:

Ejemplo:

> *Este fin de semana podríamos ir al centro comercial para comprar la chaqueta que necesitas. Tengo un presupuesto que me permite gastar _____ pesetas. Si crees que vas a querer gastar más de eso, puedes utilizar tus ahorros. ¿Qué te parece?*

5. Si él descubre algo que hace que usted se ponga a temblar al pensar en el gasto que representa, piense bien en sus opciones: pagar por la cosa, decir «no», compartir el gasto o llegar a un compromiso. Tenga pensadas algunas soluciones y un «tope máximo» (lo más que usted esté dispuesta a pagar por el artículo en cuestión).

6. Dele a su hijo una posibilidad de elección en lugar de engatusarle para que compre algo que luego no va a ponerse. Tomemos como ejemplo a una hija que insiste en comprar cierta marca de tejanos caros. Su madre puede decirle:

> *Podemos permitirnos dos pares de pantalones tejanos de un precio razonable o un par de esos tejanos de marca. Durante seis meses no podremos comprar otros tejanos. Si estás de acuerdo en lavarlos y no ponértelos cuando estén sucios, puedes comprar el par más caro.*

¿Quién sabe? Es posible que la niña elija dos pares de los de menor precio. O puede comprar los caros y cuidarlos maravillosamente. Después de todo aprendemos mejor a través de la experiencia que de los bien intencionados sermones de nuestros padres.

7. Preste oídos a las preocupaciones de su hijo. A usted puede que le parezcan triviales pero para él son muy importante. De hecho, yo creo que el que usted comprenda la presión que ejercen sus colegas sobre él y a la que se enfrenta puede ser más importante para él que conseguir el artículo que quiere. Una charla con su hijo puede ser algo parecido a lo siguiente:

Padre: Háblame de esas zapatillas deportivas que tanto quieres.

Carlos: Es que tengo que tenerlas. Son tan «guays».

Padre: Es verdad que son «guapísimas», pero son muy caras y ya sabes lo deprisa que se gastan las zapatillas deportivas.

Carlos: Pero a todos los chicos se las están comprando.

Padre: Ya veo. Es la clase de zapatillas deportivas que todos quieren y tú crees que todos podrán permitirse comprarlas.

Carlos: Claro, Toni ya las tiene y Jaime me dijo que sus padres se las van a comprar.

Padre: Cuestan mucho más de lo que nosotros podemos gastar. Podrías tener dos pares por el precio de unas de ésas, pero realmente parecen unas sensacionales zapatillas deportivas.

Carlos: Son estupendas para el baloncesto y estoy seguro de que con ellas podría saltar el doble de lo que salto ahora.

Padre: Apuesto lo que quieras a que es cierto. Pero ¿y qué hay del último par que te compramos? Parecía que te gustaban y duraron mucho tiempo.

Carlos: Papá, ya nadie las lleva.

Padre: ¡Vaya, ya no están de moda!

Carlos: Ahora sólo las llevan los palurdos.

Padre: Así que te daría mucha vergüenza llevar unas de ese estilo.

Este ejemplo nos enseña que a pesar de que el padre no ha dicho ni «sí» ni «no», él y su hijo están hablando civilizadamente. El padre hace todo lo que puede para ver la situación desde el punto de vista de su hijo (se llama reflejo). Ahora este padre podría intentar solucionar el problema, con éxito, utilizando el formato de la reunión familiar:

- Exprese el problema.

- Identifique todos los puntos del problema.

- Lleven a cabo una tormenta de cerebros para obtener soluciones; anótenlas.

- Elija una que ambos estén dispuesto a probar.

- Tengan una reunión de familia de seguimiento para evaluar el éxito de la solución que usted eligió. Si fuera necesario, realice ajustes en el plan:

Padre: Yo diría que el problema es que a ti te gustaría que yo te comprara unas zapatillas deportivas que cuestan el doble de las que me puedo permitir comprarte, pero que estas zapatillas son muy importantes para ti. ¿Crees que lo he expresado bien y con imparcialidad?

Carlos: Sí, seguro.

Padre: Veamos todos los puntos de este problema. ¿Cuáles son nuestras preocupaciones?

Carlos: Que cuestan demasiado.

Padre: Bien. Ése es uno de mis puntos y otro de ellos es lo rápidamente que se gastan las zapatillas y lo deprisa que crecen los pies.

Carlos: Bueno, eso no puedo evitarlo.

Padre: ¿Y cuáles son tus problemas?

Carlos: Si me pongo cualquier otra cosa, pareceré un idiota.

Padre: Y tus amigos pensarán que pareces un idiota.

Carlos: Claro.

Padre: ¿Alguna otra cosa? ¿No? Bien, creo que veo todos los problemas, ahora veamos las posibles soluciones. Hagamos una lista de todo aquello que se nos ocurra, pero nadie puede criticar las sugerencias de nadie. Ésa es la regla.

Carlos: Mi solución es que me compres las zapatillas deportivas.

Padre: Otra es que te compres un par que cueste _____ pesetas, o menos.

Carlos: No se me ocurre nada más.

Padre: Podrías pagarlas tú.

Carlos: ¡Claro! ¿Y de dónde sacaría todo ese dinero?

Padre: Recuerda, nada de críticas.

Carlos: A lo mejor podríamos encontrarlas en unas rebajas.

Padre: ¡Ahora sí que estás pensando!

Carlos: O podría ir descalzo el resto de mi vida.

Padre: O podríamos dividir el coste.

Carlos: ¿Qué quieres decir?

Padre: Bueno, yo podría poner el dinero que creo que es justo pagar por ellas y tú podrías pagar el resto con tus ahorros o tu asignación.

Carlos: O tú podrías pagarlas y luego yo te podría devolver el dinero haciendo tareas en casa.

Padre: Vaya, hemos anotado un montón de ideas. Pongamos una señal en las que estamos dispuestos a probar.

En esta reunión, tanto el padre como el hijo están pensando en algunas soluciones factibles. Tienen que seleccionar una y pulir los detalles: la cantidad que el padre pagaría, la que pagaría el hijo, si el hijo va a ganarse su parte hay que fijar el calendario de devolución del dinero. También tienen que solucionar los demás temas que el padre sacó a relucir, como que las zapatillas deportivas se gastan muy deprisa. Es posible que el hijo esté de acuerdo en cuidarlas bien y en aceptar ciertas consecuencias si no lo hace.

Si decide usted comprar algo caro porque puede permitírselo, se trata de una ocasión especial, o lo paga a medias con su hijo, está bien que se establezcan algunas condiciones. Por ejemplo: *«No quiero ver que esas zapatillas deportivas se quedan a la intemperie, que se llevan sin atar o que están cubiertas de barro. Si algo de eso sucede, el próximo par lo pagarás tú.»*

Cómo decir no y mantenerlo

1. Si no es usted capaz de llegar a un compromiso y su hijo no está de acuerdo con ninguna de las soluciones de las que han estado hablando, es posible que tenga que pisar el freno y suprimir la salida de compras.

2. Si su hijo empieza a ofrecerle un repertorio pre adolescente levantando la voz, suspirando ruidosamente, poniendo los ojos en blanco, dando portazos, maldiciendo entre dientes y en voz alta, gimoteando, lamentando que acaban de estropearle la vida, o pataleando por la casa, no se rinda. Puede sentirse conmovido —para eso se ha montado todo el espectáculo— pero ¡no se rinda! ¡No ceda!

3. Si tiene usted que decir algo, dígale una vez y sólo una vez, que ese comportamiento escandaloso no va a hacerle cambiar de opinión. De una manera tranquila y controlada, diga: *«Comprendo que estés disgustado. Si hablas de ello con una voz tranquila o me escribes una carta, estaré encantado de escuchar-*

te, pero por hoy la salida se ha anulado.» Luego dese la vuelta, tome una revista o un libro, haga una llamada telefónica, vaya a ver qué es lo que hay en la nevera y espere hasta que él le hable con un tono de voz razonable.

4. Si se encuentran en una tienda y él hace una escena, dele un aviso de una consecuencia. *«Si no eres capaz de hablar con una voz normal, saldremos ahora mismo de la tienda sin comprar ningún zapato.»* Para que esta consecuencia tenga peso, debe estar dispuesto, realmente, a abandonar la tienda sin comprar. Y si él sigue aullando, usted debe darse la vuelta y dirigirse con tranquilidad y confianza hacia la salida de la tienda. Ande con determinación hasta el coche (no corra porque a él debe serle posible seguirle) y entre en él. Manténgase ocupado leyendo mapas de carreteras o los documentos del automóvil hasta que él se haya abrochado el cinturón de seguridad. Entonces ponga el coche en marcha y váyase a casa.

No vuelva a llevar a su hijo de compras hasta que hayan tenido una reunión de familia y acordado un plan para ir de compras.

5. En el caso de niños pequeños o de niños que empiezan a andar y que montan una pataleta durante una salida de compras, la consecuencia puede ser que usted abandone la tienda y que la próxima vez se queden en casa. En esa salida de compras en solitario usted debe tener en cuenta sus gustos actuales («sí» al color lavanda y al rosa, «no» a los cuellos altos o de cualquier otra clase, «sí» a las cremalleras, «no» a los botones, «sí» a los pantalones de chándal, «no» a los tejanos), pero tome sus decisiones basándose en lo que usted cree mejor para ellos.

6. Alabe a su hijo, por muy enfadado que usted esté todavía, cuando esté dispuesto a sentarse y a hablar de manera racional de la situación, le presente un plan viable, acepte la realidad del presupuesto, o solucione su dilema de una manera creativa. Por ejemplo, una niña a la que conozco, anunció a su madre justo antes de un baile especial en la escuela: «Susi y yo vamos a cambiarnos la ropa, yo voy a llevar su mejor vestido y ella se pondrá el mío.»

La respuesta de su mamá fue muy positiva: *«¡Qué idea más sensacional! Y con parte del dinero que nos ahorraremos, qué os parece si os llevo a las dos a la peluquería.»*

19

Los pedigüeños de la tienda de comestibles

El problema

En las tiendas, especialmente en las de comestibles, su hija no es capaz de pasar al lado del mostrador de los caramelos o de la estantería de los juguetes sin exigirle que le compre algo. Gime o suplica que le compre cereales azucarados, chocolate, chicles, algo pequeño de plástico y cuando usted se niega, hace ver que tiene un ataque al corazón. ¿Y usted? Lo único que usted quiere es un viaje para comprar alimentos libre de regañinas. Tan sencillo como eso.

Pensarlo de nuevo y bien

Si los niños pidieran, de vez en cuando, que les compráramos algo en el mercado y aceptaran nuestro «no» casi tan bien como nuestro «sí», no creo que esto fuera un problema tan grande. Los padres se frustran cuando las peticiones se convierten en súplicas y cuando el resultado de su firme pero agradable «Hoy no, cariño» no es otra cosa que una oleada de alaridos.

Antes de nada, ¿qué es, en realidad, lo que le molesta de que su hija le pida cosas cuando están en una tienda? ¿Es por lo que pide? ¿O es porque pide, casi como si pidiera limosna? Si está suplicando que le compre comida, ¿es que tiene hambre? Comer algo saludable antes de ir de compras o comprarle un yogur solucionaría el problema de las súplicas? ¿O es que su hija seguiría pidiendo incluso al acabar de comer una comida de tres platos y llevara los bolsillos llenos de chucherías?

En el caso de su hija mayor que puede que diga «¡Ya lo pagaré yo!» se verá usted obligada a pensar exactamente por qué no quiere usted comprar esa cosa. ¿No quiere que malgaste su dinero? ¿No quiere que coma dulces o beba refrescos? ¿Odia usted la gran cantidad de porquerías baratas de plástico que se están acumulando en su habitación?

Al final tiene usted tres posibilidades de elección: 1) decidir que cuando se va de compras no es nunca (o muy pocas veces) tiempo de convites; 2) dejar que su hija gaste —¿malgaste?— su propio dinero, o 3) ceder y rendirse a la demanda de algo para comer o de una moneda para la máquina de juguetes diminutos. Yo recomiendo lo primero; hasta ahí llega el odio que siento por el hecho de que pidan cosas en las tiendas de alimentación. Está claro que puede hacer usted lo segundo; hay amigos que me dicen que si los niños tienen que pagar sus propias chucherías, éstas dejan rápidamente de ser cruciales. Y, por supuesto, usted puede estar de acuerdo con la última posibilidad ya que hay familias que creen que una recompensa al final de las compras da como resultado una cooperación fantástica. Sin embargo debo advertirle que si recompensa con frecuencia con golosinas en lugar de con su alabanza o atención, su hija llegará a esperar y exigir estas recompensas en cada ocasión.

Puede que piense usted: «¡Recompensas! ¡Jamás! ¿Es que no tengo derecho a esperar su cooperación en estas salidas sin tener que recurrir al soborno? Yo no estoy comprando sólo para mí, estoy comprando para la familia.» Cierto, no se trata de viajes o salidas para su placer personal y sí, tiene derecho a hacer estos recados que se producen con demasiada frecuencia con un estrés mínimo y sin gastos innecesarios. En el caso de un comportamiento sensacional cuando se va de tiendas, los elogios son una recompensa que debe agradecerse. Una vez que la regla de que no se permite que sea un pedigüeño esté clara, un obsequio o agasajo ocasional estará bien y será, de hecho, realmente un premio.

Decida lo que decida, adopte una política en cuanto a las golosinas antes de entrar en el mercado y no después de que se encuentre ya en ese lugar tan tentador.

Cómo ir de compras sin que nos importunen

1. Establezca claramente la regla de: *«Cuando vamos de compras no se piden ni golosinas ni juguetes.»* (Si está comprando y su hijo tiene hambre, cómprele un poco de fruta, frutos secos o algo igual de saludable.)

2. Haga honor a esa regla. Ser flexible está bien, pero si las reglas cambian con demasiada frecuencia, la situación se vuelve confusa e injusta. Por ejemplo, si usted decide recompensar a su hija una tarde permitiéndole comprar un juguete porque ha hecho unas tareas extra en casa, deje bien claro antes de entrar en la tienda que ese agasajo especial es por las tareas extra que ha hecho. Espere un poco antes de volver a permitir esa recompensa en una salida de compras a fin de que ella no lo espere o lo pida.

3. Al entrar en la tienda de alimentación recuérdeselo brevemente. (¡No sermonee!) *«Luisa, recuerda que en la tienda de alimentación no se piden regalos. La respuesta será siempre "no".»*

4. Después de que haya estado cooperando unos minutos, alábela: *«Luisa, estás haciendo un trabajo estupendo ayudándome a comprar»*, o *«Gracias por acordarte de la regla, Luisa».*

5. Dele tareas específicas para hacer mientras van de compras y maneras constructivas de llamar su atención. Tome dos latas de tomates y deje que ella elija la que hay que comprar. Permítale que elija entre varios cereales o haga que diga el número de naranjas que necesitan. Puede contar cada patata a medida que las deja caer en la bolsa que está usted sosteniendo. Pídale que la aconseje para tomar decisiones como: *«¿Qué pasta compramos, la rizada o los tornillos?»* Deje que los mayores realicen parte de las compras. Dependiendo de la edad, dígale que traiga una, dos o tres cosas. Dígale que se encuentre con usted en el área de frutas y verduras, o cualquier otra, al cabo de un par de minutos.

A medida que vaya involucrando a su hija, ésta recibirá de usted muchísima atención y llegará a entender el motivo de que esté comprando lo que está comprando y el motivo de que diga «no» a ciertas cosas. No se trata de que sea usted egoísta, una mala madre o un mal padre, sino que tiene un plan para comprar y está trabajando dentro de un presupuesto.

En ocasiones no será capaz de encontrar tiempo para involucrarla. Cuando tenga prisa hágale saber por adelantado que usted será quien haga las elecciones. Dígale lo que ella puede hacer para ayudarla en este viaje. Diga: *«Hoy tenemos muchísima prisa. Yo elegiré la comida pero puedes ayudarme a empujar el carro.»*

6. Si todos los jurados de la Tierra la fueran a encontrar culpable de ceder a

las súplicas y usted quisiera pasar a tener una costumbre mejor, pruebe la variación del si/entonces del trato de cuando/luego. De camino a la tienda, ofrezca un «premio» por buena cooperación y que se entregará cuando lleguen a casa, por ejemplo:

Si no me importunas pidiendo golosinas en la tienda, en cuanto lleguemos a casa jugaré contigo.

Si no haces la pedigüeña en la tienda, podrás elegir algo del cofre del tesoro cuando volvamos a casa.

El cofre del tesoro puede tener trozos de papel plegados o enrollados en los que haya escrito actividades que le gusten a ella.

Este trato será útil para que abandone la costumbre de esperar que se le compren golosinas en la tienda. En un par de visitas ya podrá usted sustituir el agradecimiento verbal por el tesoro más tangible.

7. Una familia que yo conozco tiene una política de «un juguete al mes». Dejan que cada niño compre un juguete o una golosina muy barata cada mes. Cuando están en la tienda de comestibles o haciendo otras compras y su hijo quiere una chuchería dicen sencillamente: «¿Es tu juguete del mes?» Entonces el niño piensa si quiere de verdad ese juguete o prefiere esperar algo mejor. La familia informa que esto reduce las peticiones en todas las salidas de compras.

Cómo decir no y mantenerlo

1. En el coche o fuera de la tienda, recuérdele la regla: *«Recuerda, cuando vamos de compras no hay que pedir regalitos.»*

2. Si su hija empieza a suplicar o a molestar, dígale que va a ignorarla: *«He dicho que no se iban a comprar dulces y no voy a hablar más de ello.»* Al cabo de uno o dos segundos dirija su atención a otro tema preguntándole qué manzanas o plátanos parecen los mejores.

3. Si su hija tiene una rabieta de las de primera categoría, ignórela como si su vida dependiera de ello. Haga ver que ese personaje tan ruidoso no es su hija. Aléjese unos pocos metros, pero no se vaya tan lejos que la asuste o que parezca que usted se está escapando de ella. Lea todas las etiquetas que estén

al alcance de su vista. A los curiosos puede comentarles: *«¡Niños! Siempre les sucede algo, ¿no es así?»* O si está usted dispuesta a admitir que es su padre o su madre, diga: *«Ese libro que leí decía que hay que ignorarles, a pesar de que no es tan fácil como parece.»*

Espere tranquilamente, haga ella lo que haga. Sólo necesitará dos o tres dosis de ignorarla para que ella reciba el mensaje de que los padres no ceden a los gritos, que cuando los padres dicen que «no hay dulces» quieren decir «no hay dulces» y que por mucho que chille no recibirá dulces.

4. Piense cosas que le ayuden:

- ˜ Puedo aguantarlo, puedo aguantarlo.
- ˜ Podría ser mi combate decisivo en la batalla de las tiendas.
- ˜ Conseguí sobrevivir al parto, puedo sobrevivir a una rabieta.

5. Esté preparada para alabar. Jamás sabrá usted en qué momento dará por terminada su rabieta. Cuando nadie reacciona todo se vuelve muy aburrido. Cuando se tranquilice, préstele algo de atención positiva, como volver a involucrarle en las compras. *«Vaya, ¡nos olvidamos la comida para el perro! ¡Pobre Custer! Ayúdame a encontrarla.»* (Ignorarles no es eficaz a menos que vaya seguido de atención positiva.)

6. Si se trata de un bebé que empieza a andar y es hora de irse, dele la posibilidad de elegir: *«Ahora nos vamos. ¿Quieres andar o que te lleve en brazos?»* Si se tira al suelo para demostrar su furia, diga: «Parece que quieres ir andando» y diríjase directamente con lentitud y de manera confiada (¡sí, sí!) a la puerta. Asegúrese de que ella pueda verle y que usted sabe exactamente dónde está ella. No la mire a los ojos. Deténgase y póngase a mirar el carbón o las plantas de la exposición. Puede que tarde un poco, pero al final se pondrá en pie y le seguirá, aunque por supuesto sin ganas.

Cuando le alcance, invítela de forma neutra a volver a la familia. Diga algo cómo: «¿Crees que a la abuela le gustará el pan de pasas que hemos elegido?» Si ella casi le ladra «¡No!», ignórela y vuelva a intentarlo al cabo de unos minutos. Siempre que ella haga lo que usted quiere puede tolerar esa actitud negativa de irse rezagando. En este caso su hija necesita salvar las apariencias y no querrá recompensarle con alegría.

Si dice que su elección es que la lleve en brazos, diciendo (o gritando)

«¡Llévame!», puede decirle de manera agradable (pero no triunfante): «Me hará muy feliz llevarte». Tiéndale los brazos, levántela y diga: «Bien elegido». Le repito que debe limitarse a ignorar su mal humor y sus gruñidos.

7. Si darle la posibilidad de elección entre andar o que la lleven en brazos no funciona y sigue siendo un manojo de gritos en el suelo, dele un aviso de una consecuencia que sea importante para ella. Por ejemplo, si habían planeado ir a la tienda de mascotas a ver a los nuevos gatitos, podría decir: *Si no vienes conmigo ahora mismo, no tendremos tiempo de ir a ver a los gatitos de la tienda de mascotas.* Concédale un momento o dos —por ejemplo, puede comprobar si sus llaves siguen estando en el bolsillo de su chaqueta o de su pantalón— y luego empiece a moverse hacia la puerta. Lo más probable es que ella le siga, a pesar de que a regañadientes.

Tenga mucho cuidado de no recompensar un berrinche. Lo único que debe hacer es retirar un privilegio que ya hubiera planeado y que la niña ya supiera. Si el padre del párrafo anterior no hubiera anunciado la visita a los gatitos, no hubiera debido utilizarla como consecuencia. La niña recibiría el mensaje de: «Si tengo un berrinche, papá prometerá llevarme a la tienda de mascotas para que yo pare.»

Es posible que tenga que limitarse a levantarla del suelo pateando y chillando. Hágalo tranquilamente pero con firmeza, girando la cara para evitar golpes o arañazos.

8. No sermonee, explique o regañe. Durante una rabieta es imposible pensar con claridad. Estaría usted malgastando su respiración.

9. Cuando, en este viaje u otro, ella se levante del suelo y se una a usted por propia voluntad, alábela con un sencillo *«Gracias»*.

20

«¡Sólo una más!»

El problema

Sus hijos exigen bajar «una vez más» por el tobogán, ver el vídeo antes de irse a la cama, jugar a las máquinas, dar una vuelta con la bici, coger una galleta del bote, un juego o cuento para irse a la cama, o exigen su siempre popular prima, «sólo cinco minutos más». Lo que usted querría es no tener que convertirse en el chico malo después de haberse estado divirtiendo con sus hijos.

Pensarlo de nuevo y bien

Los niños no quieren que se acabe la diversión. Jamás están preparados para que los padres digan «Es hora de irse» o «Ya está, no más». Es imposible ser un héroe o una heroína en el momento de dejar de jugar. Los niños han tenido el control de sus vidas durante un rato y estamos luchando para arrebatárselo.

Intentamos emitir unos mensajes claros y establecer unos límites firmes y, enfrentémonos a ello, a veces no ponemos el corazón en ello. Voceamos: «Diez minutos, chicos» y queremos decir algo entre cinco y treinta y los chicos lo notan. Y como no estamos completamente convencidos: un poco de insistencia, unos cuantos lloriqueos, un poco de suplica y somos plastilina en sus manos. Así que, ¿qué daño hay? «Una más» no haría daño en realidad, ¿no?

Hay padres a los que no les molestan con solicitudes de «sólo una más». Sus hijos son razonables. Ellos toman en consideración la situación, en ocasiones dicen «sí», en ocasiones dicen «no», los niños aceptan la decisión y ya está.

Pero si su hijo no acepta nunca su «Es hora de irnos» siga leyendo. En realidad, el remedio es sencillo.

Cómo escaparse limpiamente

1. Establezca un patrón que pueda seguir siempre. Debería incluir:

    ～ Un anuncio de cuántos minutos más o cuántas veces más (como «puedes bajar por el tobogán tres veces más»).

    ～ Una declaración de «Es hora de irse» cuando el tiempo se haya terminado.

    ～ Un escape rápido.

2. Conócete a ti mismo. Si es probable que permita usted «una más», por qué no dar el privilegio desde el principio. *Puedes tomar dos galletas* es mejor que darle una y luego una segunda después de que le importuna para conseguirla.

De igual modo, dar el anuncio de: *«Tienes diez minutos más en la máquina de vídeo»*, es mejor que decirle al niño que es hora de marcharse y luego ceder a la súplica de dos «cinco minutos más». En este caso la idea principal es que no hay que ceder si le importunan.

3. Esté preparado para irse. Si da usted su anuncio, decirle a su hija que es hora de irse para luego quedarse veinte minutos diciendo adiós, perderá usted credibilidad. Ella ignorará su mensaje de: «Es hora de marcharnos» porque sabe que no es así.

4. Una vez que ya domine usted la técnica de mantenerse firme en su opinión y su hija ya tome siempre un «no» por respuesta sin otra cosa que no sea una «¡Ayyy, mami», puede empezar a experimentar la flexibilidad.

Puede responder a solicitudes razonables que no sean gimoteos o a «información nueva» (por ejemplo: «Mamá ¿te acuerdas de que mañana no hay escuela? ¿Podría quedarme diez minutos más?»).

Puede aceptar la oferta de un trato si está segura de que su hija lo cumplirá. Mis hijos pueden regatear diciendo: «¿Podemos quedarnos sólo diez minutos más? Te prometemos que mañana por la mañana nos levantaremos en cuanto nos llames». Para mí ése es un trato bastante bueno. Si diez minutos pueden comprar una mañana de cooperación, puedo dejarme persuadir, pero si la mañana siguiente es toda una lucha, en el futuro no voy a aceptar muchos tratos más.

Cómo decir no y mantenerlo

1. Prepárese para enfrentarse a la situación que usted teme, decidiendo qué es lo que usted quiere y la orden que va a dar para conseguirlo. Veamos el ejemplo de marcharse de la casa de un amigo. Usted anuncia: *«Nos iremos dentro de cinco minutos.»* Los cinco minutos ya han pasado y usted dice: *«Ahora, nos vamos.»* Está claro que usted ya ha organizado sus cosas y ha dicho adiós, así que se dirige usted a la puerta o a la salida. Sus acciones debería apoyar a su mensaje: «Ahora, nos vamos.»

2. No ceda ante cualquiera de sus muchas tácticas posibles: suplicar, quejarse, gimotear, implorar, engatusar o un repentino ataque de tos. Cumpla su tarea que es la de marcharse. Abra la puerta, manténgala abierta para que ella pase y espere tranquilamente. Su porte debería decir: «Ya no hay "más" y esperaré aquí todo el día si es necesario, hasta que lo entiendas.»

3. Si su hija se tira al suelo, ignórela. Aparte la vista de ella y dese ligeramente la vuelta. O puede usted seguir adelante de manera deliberada y tranquila, siempre que sea seguro. No deje a una niña o a un niño pequeño solos en la casa porque puede entrarles el pánico. (Si está en un parque, aléjese únicamente unos metros y asegúrese de que puede verla con el rabillo del ojo.)

4. Si ella no la sigue y es muy pequeña, es posible que tenga que llevarla en brazos. Hágalo con tanta tranquilidad como le sea posible. Aparte la cara para que ella no se la vea. Piense: «Firme y neutral, firme y neutral.» Ignore los alaridos y las protestas. Ignore los «Te odio».

5. Si su hija la desafía de manera activa, dele un aviso de una consecuencia, pero para que sea eficaz, la consecuencia debe ser la retirada de un privilegio:

- Que tenga significado para su hija.

- Sobre el que tenga usted control.

~ Que esté usted dispuesta a cumplir.

~ Que sea mínimo (corto, inmediato).

Las consecuencias que funcionan en el caso de las familias incluyen:

~ Acostarse quince minutos antes.

~ La pérdida de un privilegio electrónico (televisión, radio, videojuego).

~ La pérdida del uso de un juguete favorito que el niño o la niña utilice diariamente como un monopatín, una bicicleta, unos patines, un ferrocarril en miniatura.

~ La pérdida de un cuento extra (no únicamente) a la hora de acostarse o abreviar (no eliminar) el ritual de irse a la cama (el tiempo de charla, la nana).

Si una niña o un niño han ido a esconderse en otra habitación, el padre o la madre pueden seguirle, mirarle a los ojos (o establecer «contacto auditivo» si está fuera de su vista) y dar el aviso en un tono firme y serio: *«Ven conmigo ahora mismo o esta noche no habrá televisión.»* Dese la vuelta y márchese. Su hija puede tardar unos minutos en seguirla pero si no lo hace dentro de un período razonable de tiempo, siga adelante con la consecuencia.

Si su hija se gana una o dos consecuencias, aprenderá que usted habla en serio cuando dice: «Ha llegado la hora de marcharnos.»

6. Sea consecuente y manténgase firme. Cada vez que se afirme y se atenga a su decisión verá que tiene más fuerza para el siguiente encuentro. Le prometo que se irá haciendo más fácil.

21

Dinero

El problema

Su hijo le pide dinero para juguetes u otras cosas, como chucherías, golosinas y demás. Usted quiere que su hijo utilice su asignación, lo que gana o sus ahorros en lugar de importunarle pidiéndole dinero. Le gustaría que aceptara que no siempre puede tener lo que quiere, cuando lo quiere.

Pensarlo de nuevo y bien

Las familias quieren que sus hijos entiendan el valor del dinero, que sepan que no crece en los árboles, y que aprendan a ganar, ahorrar y gastar el dinero de una manera sabia. Es posible que con esta finalidad les den una asignación o que permitan que compren un juguete a cambio de hacer algunas tareas de casa. Sin embargo los padres lo pasan mal cuando les piden (o suplican) dinero en público. Allí mismo, rodeados de extraños, los padres sienten la tentación de ceder antes que correr el riesgo de que les hagan una escena.

Si el gasto no es un problema, es posible que los padres piensen: «¿Por qué no tengo que dárselo, me lo puedo permitir», o «Me complace dárselo así que ¿por qué no hacerlo?». Pero incluso si puede usted permitírselo, una voz interior insistente le dice: «Lo que no debería hacer es dárselo siempre que me lo pide, ¿no?» Creo que ésa es una buena voz y que debería usted escucharla.

Hay varias razones para ser juicioso a la hora de distribuir regalos y dinero. La mayoría recordamos que cuando éramos niños, aquellos juguetes que nos ganamos tenían un valor especial para nosotros. Puede que conozcamos a un niño excesivamente mimado, que tiene la costumbre nada atractiva de esperar que se le den cosas de manera habitual y que es absolutamente insensible en cuanto a los límites del bolsillo de la familia. En ocasiones observamos cómo nuestro propio hijo se olvida rápidamente de juguetes y chucherías que consiguió sin ningún esfuerzo y que acaban en el suelo del dormitorio o en el automóvil o cualquier otro lugar.

Parece que cada vez que sale usted con su hijo, éste le pida dinero para gastar con lo que convierte el salir a hacer recados o ir a ver escaparates en una pesadilla. Es posible que sea un ahorrador sensacional, que atesora cada peseta y que tiene más dinero a mano que usted. Sin embargo él no gasta su dinero sino que ¡quiere gastar el de usted!

Piense en los valores que quiere inculcar a su hijo y luego establezca políticas en su hogar respecto a los regalitos al azar, los préstamos de los padres, el que tenga dinero siempre que lo pida y otras posibilidades financieras.

Cómo enseñar a gestionar el dinero
(Tener idea de lo que es el dinero no es ninguna tontería)

1. En general, evite hacer regalos frecuentes. Los niños desarrollan unos valores mejores y aprecian más el dinero y los juguetes si se los ganan, se guardan y se entregan en ocasiones especiales.

2. Dele una asignación ya que ésta puede vincularse a las tareas de la casa o darse, sencillamente, porque el niño forma parte de la familia y necesita tener unos pequeños ingresos. Pregúnteles a otros padres cuál es la tarifa actual, pero haga caso a su buen juicio y manténgala en un nivel muy razonable.

La asignación debe entregarse periódica y puntualmente. Hay demasiados padres que se olvidan de tener dinero a mano o del día en que hay que pagarla. Si queremos que nuestros hijos sean responsables, tenemos que ser responsables en nuestros tratos con ellos.

3. Abra una cuenta de ahorro para su hijo en su banco y así también podrá aprender cosas respecto al ahorro, los ingresos y los intereses.

4. Trabaje con su hijo en los presupuestos. Si él quiere ir corriendo a la tienda del barrio para gastar toda su asignación en tonterías, háblele de algunas cosas que podría comprar con los ahorros de dos o tres semanas.

El que tenga dinero para gastar «libremente» en una salida puede enseñarle una lección valiosa. Durante unas vacaciones, mi hija se gastó todo el dinero que tenía en sólo unos días, visitando la tienda de caramelos y saliendo a comer hamburguesas con amigos, cuando la comida de casa no le parecía bastante excitante. Hacia el final de nuestro viaje, fuimos a una librería donde su hermano gastó dinero del que aún le quedaba. Ella no tenía ninguno y anunció: «Chicos, he aprendido bien la lección». ¡Y ni siquiera tuve que darle un sermón!

5. Si él gasta su asignación, déjele que se gane dinero haciendo tareas especiales. Las tareas normales se hacen viejas y a veces, los chicos hacen trabajos con alegría sólo porque son nuevos. Mis hijos odian vaciar el lavavajillas pero, a veces, encuentran que dar brillo a los metales, limpiar cristales o fregar el suelo de la cocina es toda una novedad. Cuando están de humor para ganar dinero, negociamos acuerdos que nos complacen mutuamente.

6. Confeccione una «lista de deseos» para el cumpleaños de su hijo, las vacaciones u ocasiones especiales. Cuando le pida algo diga: «Qué juguete más estupendo para poner en tu lista de deseos».

7. En general, vigile los anuncios de la televisión. Cuando mis hijos eran pequeños establecí la regla de que yo no compraba juguetes que hubieran visto en la televisión (y que insistieran en que les comprara). En consecuencia nunca me suplicaban que les comprara mercancía de la que aparece en televisión y durante las vacaciones conseguí tener un respiro.

8. A medida que su hijo vaya creciendo, establezca unas expectativas claras y concretas respecto al comportamiento en las tiendas. Haga una prueba para conseguir salir a hacer recados con tranquilidad:

- Piense en un recado que vaya a hacer esa tarde y que no sea crucial.

- Decida cuáles van a ser las reglas de la salida. Una de ellas debería ser: *«No me vas a suplicar que te dé dinero.»*

- Cuando entre en el coche o llegue a la puerta de la tienda dele un aviso: *«Recuerda, si me pides dinero, nos vamos de la tienda y volvemos a casa.»*

- Si quebranta la regla, márchese inmediatamente. Es un inconveniente, pero una vez es todo lo que se necesita para establecer que habla usted en serio.

9. Oiga siempre toda la solicitud. Evite los «no» reflejos. Una solicitud que empieza: «¡Mira, mamá! Caballos en miniatura. ¿Puedo...» es posible que acabe con «... comprar uno?», o «ponerlo en mi lista de cumpleaños?».

10. Si es posible, no lleve a sus hijos a esos enormes almacenes de juguetes. Es demasiado doloroso para todos los involucrados.

11. Si tiene que ir a comprar un regalo para otro niño, prepare a los suyos:

> *Hoy vamos a comprar el regalo de Patricia y no compraremos nada para ti. Si piensas que puedes querer algo, puedes llevar algún dinero tuyo. O puede que encuentres cosas que añadir a tu lista de deseos para tu cumpleaños.*

12. Si se ofrece a pagar la mitad de lo que sea que quiere, es posible que quiera tener usted en cuenta esta opción. Significará que él está dispuesto a prescindir de parte de sus ingresos. En el caso de algo que usted quiera alentar, como un libro, es posible que esté usted dispuesta a «aflojar la mosca» y pagar la mitad.

Si decide usted ir a medias con él, cobre el dinero tan pronto como lleguen a casa, incluso si eso significa que él le va a tener que dar un vale que se deducirá de su próxima asignación. No vaya a medias con demasiada frecuencia, o el que le suplique eso (y sea un pedigüeño) puede ser su siguiente problema.

13. Si siempre va escaso de dinero, celebre una reunión de familia y plantee la idea de un presupuesto. Ayúdele a ajustar sus gastos. Por ejemplo, si le gustan los libros o los tebeos, puede ahorrar dinero pidiéndolos prestados en la biblioteca. También puede estar usted de acuerdo en arreglar su asignación o proporcionarle oportunidades de ganar un poco más cada semana.

Cómo decir no y mantenerlo

1. Si le pide dinero en casa o en el automóvil, limítese a utilizar la técnica del disco rayado. Repita un mensaje parecido a *«He dicho "no" y quiero decir "no"»*, hasta que lo entienda.

2. Si se lo pide en una tienda, anuncie que va usted a ignorarle. *«No voy a escuchar nada más al respecto. Fin de la discusión.»* Siga comprando tranquilamente pero recoja lo que necesita lo más rápidamente posible por si acaso tiene que salir apresuradamente. Ignore todos los gruñidos, prestando una atención increíble a la letra pequeña de los envases.

3. Si no se calma, termine de hacer su recado tan rápidamente como le sea posible. Anuncie que se marcha y pague rápidamente lo que vino a comprar. Diríjase con tranquilidad pero con seguridad hacia la puerta, aunque no con tanta prisa que su hijo se asuste. Él debe poder verla en todo momento.

4. Si no la sigue, dele un aviso de una consecuencia, *«Si no vienes ahora conmigo, tendrás un tiempo fuera de juego.»* Si no va, dele un tiempo fuera de juego en un rincón tranquilo de la tienda.

Si se niega a aceptarlo, tenga pensada una consecuencia de refuerzo. *«O bien te quedas cinco minutos fuera de juego o quince, tan pronto como lleguemos a casa.»* Otra consecuencia eficaz de respaldo es *«Esta noche, te perderás quince minutos de televisión».* Supongo que como se trata de un problema cuya base es el dinero, la consecuencia también podría ser una multa de cincuenta o cien pesetas.

Tanto si se trata de un tiempo fuera de juego, de dejar de ver la televisión, de ponerle una multa o cualquier otra consecuencia, si su hijo se la gana, debe usted administrársela.

5. Llegue a un acuerdo claro con su hijo, más bien un contrato, antes de volver a llevarle con usted a algún recado. *«La única manera de que puedas venir de compras conmigo, es que lleves tu propio dinero y no me pidas un préstamo. Si estás de acuerdo, puedes venir.»*

Demasiado pronto

En algún momento alrededor de los nueve años de
edad, nuestros hijos vislumbran los pastos
—más verdes— de la adolescencia. Dentro de poco
ya estarán tascando el freno. De los nueve a los
doce años, la palabra que tendrá que utilizar
continuamente es «¡So!».

22

Maquillaje

El problema

Su hija de 12 años (o más joven) quiere ponerse maquillaje. Dice que todas sus amigas lo llevan y que, lo que sucede, es que usted está anticuada. Lo que usted quiere es evitar que se pase vergüenza (usted y ella), que siga siendo una niña un minuto o dos más, y disipar los rumores de que ella se presenta a una prueba para hacer «Lolita, la nueva generación».

Pensarlo de nuevo y bien

Hay chicas que quieren crecer deprisa. A la edad de nueve años, sus cuerpos ya están cambiando y esperan con gran nerviosismo su primer sujetador, las medias de nailon, los tacones y el maquillaje. Es posible que usted no esté preparada para que la transformación se produzca con demasiada rapidez (o en modo alguno) pero su hija ya no puede esperar.

Su hija tendrá amigas en la escuela que lleven maquillaje, con o sin el permiso de los padres. Puede que piense que eso es una tontería o puede que quiera hacer lo mismo que sus amigas. Puede o no comprender lo que el maquillaje puede hacer pensar a los chicos y a los hombres y puede, o no, aceptar que su postura contra el maquillaje es para protegerla hasta que sea lo bastante mayor para enfrentarse y manejar las reacciones que provoque.

Dentro de un par de años, cuando tenga catorce o quince años, tendrá usted que sopesar toda una variedad de factores: lo que hacen sus amigas, la presión que ejercen en ella, su madurez física y emocional, sus miedos reales e irreales por ella, sus motivos menos que «gloriosos» para objetar («A mí no me dejaron ponerme maquillaje hasta que estuve a punto de ir a la universidad»), el tipo de maquillaje que elige y las reacciones que inspira.

En caso de que sea el padre o la madre de una chica de doce años o menos, piense en decir «sí» al lápiz de labios de brillo y sin color y a la misma clase de laca de uñas, pero «no» al maquillaje en público (a menos que se trate de una actuación teatral o de danza). Lo que sí puede autorizar es el maquillaje cuando se trate de fiestas sólo de chicas o cuando las amigas se queden a dormir.

Igual que sucede con muchos de estos problemas de maduración, usted y su pareja deben pensar lo mismo del tema o, por lo menos, ser capaces de presentar (a pesar de que no sea cierto) un frente unido para establecer los límites que usted quiere.

Cómo conseguir que ella no se ponga maquillaje

1. Asegúrese de prestar gran cantidad de atención a los intereses, talentos, éxitos y virtudes personales de su hija. Su autoestima debería basarse en que se sienta amada incondicionalmente por sus padres y en sentirse capaz, no en su aspecto.

2. Disfrute de sus intentos, más apropiados de su edad, de estar guapa o parecer mayor. Puede que esté probando nuevos peinados, que se ponga sombreros y gorros, que juegue a combinar los calcetines con las camisetas y los cordones de los zapatos con los lazos del pelo. Ésta es la edad en que hay que alentar su creatividad y su experimentación y guardarse para usted sus opiniones respecto a los resultados. Si ella piensa que eso es «guay», ésa es la única norma necesaria. Puede usted poner el freno si insiste en ponerse ropa que sea descaradamente sofisticada, sucia o excesivamente desgarrada para ir a la escuela o salir con usted (vea el capítulo 15, «La ropa inadecuada»).

3. Cuando acuda a usted para saber cosas respecto al maquillaje o cuando descubra que lo lleva en público, pregúntele qué motivos tiene para querer usarlo a su edad. Puede que descubra que siente la necesidad de encajar o que piensa que parece demasiado joven o que, de algún modo u otro, no se gusta. Utilice las directrices siguientes para que la ayuden a escuchar bien:

- Deje que se exprese y no la interrumpa ni intente aconsejarla. (Si es usted de esas personas que saltan rápidamente para tomar el mando, muérdase la lengua.)

- No haga ningún comentario (por lo menos no tan tranquilizador) del tipo: «Pero, cariño, si eres muy guapa sin maquillaje». Eso no es tranquilizador: parece que la está tratando como a una cría. Y ella ya sabe que todos los padres creen que sus hijos son guapos.

- Cuando ella anuncie que ya es lo suficientemente madura para llevar maquillaje, suprima las sonrisas. Evite cualquier impulso que sienta de recurrir al sarcasmo.

- Tenga cuidado de no ridiculizar a sus colegas. Si no puede resistirse a decir algo, diga amablemente que en su opinión usted cree que las niñas de once años parecen demasiado jóvenes para llevar maquillaje.

- Utilice la técnica del reflejo (devolverle el reflejo de sus ideas para hacerle saber que usted puede ver la situación desde su punto de vista). Dígale que necesita hablar con su padre o con su madre de su solicitud y que en veinticuatro horas le dará la contestación. La conversación puede ser algo así:

Juana: Está bien, mami. Antes de que digas nada, escucha mis razones. Todas mis amigas se pintan los labios y yo puedo comprarme un lápiz de labios con mi dinero. Y además tengo los labios tan agrietados y tan feos, que lo necesitan.

Madre: (Utiliza el reflejo.) A ver si lo entiendo. Quieres pintarte los labios y estás dispuesta a pagar el lápiz tú misma y piensas que eso ayudará a tus labios agrietados. ¿Es eso?

Hija: Sí. ¿Puedo?

Madre: Pintarte los labios.

Juana: No estamos llegando a ningún sitio.

Madre: (Utiliza el reflejo y luego da una información importante.) Está bien, tú quieres saber mi decisión. Pero cielo, el lápiz de labios lo que hace en realidad es resecar los labios, no los humedece. El que lo hace es el lápiz para las grietas.

Juana: Mamá, no tienes ni idea. He utilizado la clase que humedece en casa de Tracy y va de maravilla.

Madre: (Ignorando el insulto y siguiendo.) Bueno, cielo, puede que sea cierto, pero antes de tomar una decisión tengo que hablar de eso con tu padre...

Juana: No se lo digas a papá. ¡Él no me va a dejar salir con un chico hasta que tenga veinticinco años, por lo menos!

Madre: (Lo comprueba de nuevo.) ¿Quieres pintarte los labios y que sea un secreto para tu padre?

Juana: Sólo será en la escuela y en el centro comercial. ¿Por qué tiene que saberlo?

Madre: (Siguiendo con el reflejo.) Juana, lo que entiendo es que prefieres no decírselo a papá, pero yo no puedo tomar esta decisión. Él es tu padre.

Juana: Entonces deja que yo sea la que hable con él.

Madre: Ésa es una buena idea. Tú hablas con papá y luego hablaremos él y yo. Pero, Juana, no quiero que tengas esperanzas. No puedo imaginarme que tu padre o yo nos sintamos cómodos si te pintas los labios para ir al centro comercial o a la escuela, hasta que seas mayor.

4. Hable de la situación de su hija con su pareja y establezcan su política respecto al maquillaje en público y en casa. En una reunión de familia hablen con ella de sus sentimientos y sus decisiones. Dejen que su hija sepa cuándo y bajo qué circunstancias puede ponerse brillo de labios, colorete o laca de uñas. Para que sepa que no va a tener que esperar toda la vida, díganle cuándo podrá llevar los labios pintados y otras formas de maquillaje. Puede decir algo así:

Tu padre y yo pensamos que eres demasiado joven para llevar maquillaje en público. Hemos decidido que puedes llevar las uñas pintadas con colores muy claros para ir a la escuela. Después de clase, cuando estés en casa, puedes ponerte lo que quieras. Creemos que cuando tengas catorce años podrás pintarte los labios con brillo de un color clarito y que a los dieciséis ya podrás utilizar el lápiz de labios que quieras.

5. Si ella acepta su decisión, dele las gracias.

Sé que te has llevado un desengaño querida, y aprecio mucho que aceptes nuestra decisión.

Cómo decir no y mantenerlo

1. Si ella no acepta su «no», pero habla de sus sentimientos de una manera directa y relativamente tranquila (o sea sin gritar ni discutir), utilice el reflejo para dejar que sepa que la escucha y que quiere comprenderla. El reflejo la

ayudará a asegurarse de que ha entendido usted su mensaje. No tiene usted necesidad de cambiar de opinión, pero la ayudará a comprender los fuertes sentimientos que tiene ella.

Ejemplo:

Juana: Papá, ¡en mi clase todas llevan maquillaje!

Padre: Así que tú quieres llevar maquillaje para encajar con todas tus amigas, ¿es eso?

2. Si ella no acepta su «no», sino que recurre a la discusión, a quejarse o a chillar, dígale que va a ignorarla:

Hemos pensado seriamente en esto y nuestra decisión es final. No voy a escuchar tus alaridos.

Luego ponga su atención en otra cosa o persona. Si va subiendo de tono hasta llegar a una rabieta de tamaño natural, diga sencillamente: «*El asunto está zanjado.*» Encuentre algo que tenga que hacer en otra habitación y vaya tranquilamente a hacerlo.

3. Si a pesar de todos sus esfuerzos para acabar con el tema, ella sigue molestándole, dele un aviso de una consecuencia:

Si sigues gritándome, esta noche perderás tus privilegios de televisión (teléfono, radio).

Si no deja de gritar, siga adelante con la consecuencia.

4. Esté siempre dispuesto, a pesar de las acaloradas discusiones que hayan tenido, a «alabar» a su hija cuando hable del asunto con tranquilidad, hable de sus sentimientos de una manera que no sea impertinente, presente unas ideas bien pensadas, o acepte su «no» con un talante razonablemente bueno. Puede decir:

Me alegra que podamos hablar de esto con tranquilidad.

Me has dado, de verdad, una imagen clara de la clase de presión bajo la que te encuentras.

Estaré muy contenta de que des a tus amigas una fiesta de maquillaje, aquí en casa, el viernes por la noche.

Me alegra que hayas aceptado la decisión de tu madre y la mía, incluso si crees que somos demasiado anticuados. Eso es lo que demuestra que eres madura de verdad.

23

Problemas con el teléfono

El problema

Su hija acaba de descubrir el teléfono. Toda su vida le había sido indiferente y luego, de repente, el teléfono parece una extensión permanente de su oreja. Se aferra al teléfono durante horas seguidas y está descuidando su trabajo escolar, el tiempo para la familia y las tareas del hogar. Usted no esperaba tener problemas con el teléfono hasta que ella llegara a la adolescencia. Lo que usted quiere es que le devuelvan a su hija ¡y su teléfono!

Pensarlo de nuevo y bien

Yo no creía que tuviera que incluir un capítulo sobre el uso del teléfono porque mi hija Miranda acababa de cumplir once años y sólo había mostrado un interés mínimo en él, haciendo llamadas rápidas para quedar para jugar con sus amigas. Yo planeaba que este libro fuera para padres y madres de niños entre dos y doce años y pensé: «Miranda a los once no demuestra interés alguno así que supongo que los problemas con el teléfono empiezan a los trece.»

Luego a los once años y cinco meses todo cambió. Miranda se hizo muy amiga de un chico y pronto estuvo pegada al teléfono todas las noches. Prefería el teléfono al televisor, a jugar fuera de casa, a utilizar el ordenador e incluso a su actividad favorita, que había sido leer.

Al principio pensé que era algo encantador. Luego descubrí que mis amigos y colegas recibían la señal de «no hay respuesta» cuando telefoneaban porque mi hija se limitaba a ignorar los pitidos que indicaban que había una llamada esperando a entrar. Cuando me quejé me dijo que «¡no quería que la interrumpieran!».

También descubrí que en lugar de ser capaz de utilizar el teléfono siempre que yo quisiera, que es lo que había estado haciendo durante toda mi vida de adulto, tenía que esperar. Tenía que escuchar las risitas de Miranda, escuchar cómo su amigo se reía tontamente, hacía bromas, y además oír cómo la conversación se desarrollaba del modo siguiente: «¿Qué? Yo no dije que... No lo hice... ¿Qué crees que dije... Yo no lo dije?... ¿Qué es lo que ella dijo que yo había dicho?... ¿Qué dijiste?... ¿Si?», y así hasta el infinito. Y entonces empecé a escribir este capítulo de «Problemas con el teléfono».

Su pre adolescente se está dirigiendo rápidamente hacia el período más abstraído en sí misma de la vida. Está empezando a separarse de usted, a desarrollar su propia identidad, y a volverse hacia sus camaradas. Éste no es el momento en que ella será más que sensible ante las necesidades de los miembros de su familia. Ni tampoco uno en que se sienta contenta de quedarse sentada charlando con sus abnegados padres en la salita, si suena el teléfono y la llamada es para ella.

Así que no hay más remedio que poner límites. Su objetivo es mantener el equilibrio para que se satisfagan las necesidades de teléfono de todo el mundo. Claro que ella puede utilizar el teléfono. El teléfono es una manera sensacional de que su hija se divierta con sus amigas. Es inofensivo. Ella no está fuera de casa hasta después de oscurecer, ni en un coche con un conductor joven o sin supervisión en un centro comercial. Además, tampoco nadie se ha quedado embarazada por teléfono.

Usted puede estar dispuesta, o todavía no, a compartir el teléfono en términos de igualdad con su hija (es usted quien lo paga). Es posible que quiera tener una doble moral o puede que esté dispuesta a que se utilice de manera democrática.

Pero, sea como sea, es necesario implantar algunas directrices para la utilización del teléfono.

Cómo mantenerse en su sano juicio en una casa que sólo tiene un teléfono

1. Establezca una reglas claras respecto al uso del teléfono que respeten las necesidades de todos. Unas buenas reglas podrían ser:

- Si hay otra persona que necesita utilizar el teléfono, su llamada no debe pasar de diez minutos.

- Sea cortés con todos los que llaman aunque sean los hermanos pequeños o las hermanas mayores.

- Las llamadas de negocios, las de larga distancia y las de emergencia tienen prioridad sobre todas las demás.

- Si resulta que es usted quien responde al teléfono, tome los mensajes. Anote la información y déjela donde usted sabe que los miembros de su familia van a encontrarla. (Para facilitarlo, coloque un cuaderno y un lápiz al lado de cada teléfono.)

- Fije un límite total de tiempo de utilización del teléfono en una noche, por ejemplo, treinta minutos.

- Si dispone usted de un teléfono, con «llamada en espera», todos los usuarios deben aceptar todas las llamadas entrantes (averiguar quién llama y hacerlo saber a la persona correspondiente) y luego dejar el teléfono antes de diez minutos.

2. Contrate el servicio de «llamada en espera» para que todos los miembros de su familia tengan la oportunidad de recibir mensajes o saber que a alguien le gustaría hablar con ellos. Hay padres que odian que sus propias llamadas se vean interrumpidas por «bips» entrantes, pero piense en lo frustrante que es para los amigos y asociados el recibir una señal de ocupado durante horas.

(No se lo diga a sus hijos, pero usted puede desconectar la «llamada en espera» cuando lo desee. Antes de hacer la llamada sólo tiene que marcar un código que le dará su compañía telefónica y durante esa llamada no oirá ningún «bip». Los que llamen recibirán la señal de ocupado, así que sabrá que hay alguien en casa. Cuando usted cuelgue, la «llamada en espera» se restablece automáticamente.)

3. Evite el servicio de llamadas a tres. Si piensa usted que su hija o su hijo

estará mucho tiempo hablando por teléfono con un amigo, imagínese lo que duraría una llamada con otros dos chicos.

4. Respete las conversaciones de sus hijos porque son privadas. Es posible que se sienta tentado a escuchar un poco a hurtadillas, a interrogarles para saber con quién estaban hablando y demás. Es una buena oportunidad para que les sirva usted de modelo de comportamiento respetuoso (¿cómo se sentiría usted si ellos le hicieran esas cosas?). También es una buena oportunidad para que ellos sean independientes de usted, cosa que ahora ya necesitan.

5. Intente no salirse de sus casillas por culpa del contenido de las conversaciones de sus hijos. No están celebrando entrevistas para ser admitidos a la universidad, están llevando a cabo una intrincada danza verbal imperativa del desarrollo que desafía la comprensión de los adultos. Evítese el disgusto y manténgase fuera del alcance del oído.

6. Haga un trato de cuando/luego con su hija. Dígale cuándo puede utilizar el teléfono, por ejemplo: «*Después de que hayas hecho los deberes, hayas terminado las tareas de la casa y dado de comer a las mascotas, puedes utilizar el teléfono durante media hora.*»

7. Indíquele a su hija un período de tiempo en el que puede hacer y recibir llamadas, por ejemplo de siete a siete y media. Luego diga a sus amigos y colegas que no se molesten en intentar llamarla durante esa media hora.

8. Si dispone de un teléfono inalámbrico, insista en que el microteléfono se devuelva a su base o que el teléfono se devuelva al lugar adecuado, o sea NO debe estar en su habitación debajo de un montón de ropa. Cuando el teléfono suena no quiere tener que salir en su busca como si usted fuera un perro de caza.

Cómo decir no y mantenerlo

1. A mí me gusta la regla: «Si abusas de ello, lo pierdes.» El abuso del teléfono puede incluir:

- ˜ hablar por teléfono antes de haber terminado los deberes,
- ˜ ignorar las llamadas entrantes,
- ˜ dejar el teléfono donde no puede ser hallado,

- utilizar el teléfono después de la hora de acostarse,
- no informar a los miembros de la familia de sus mensajes,
- utilizar el teléfono más de una hora al día,
- ignorar las tareas pendientes porque está hablando por teléfono,
- ser maleducado con los que llaman y que no son sus amigos,
- llamar a los números 900,
- llamar a larga distancia sin permiso,
- hacer llamadas en broma.

La consecuencia lógica del abuso del teléfono es: *«No puedes usarlo durante el resto del día.»* Si la infracción se produce por la noche: *«No podrás usarlo durante veinticuatro horas.»* Si el problema continúa, restrinja el uso a los fines de semana.

Si la infracción es dejar el teléfono en la habitación de los niños (o debajo de la cama, detrás de una silla, en el cuarto de baño, al lado del televisor, debajo de una montaña de ropa), una buena consecuencia es anunciar una nueva regla: *«El teléfono no se saca de su lugar permanente.»*

2. Celebre una reunión de familia para solucionar los problemas del teléfono. Utilice el formato siguiente:

- Exprese el problema: *«Tenemos un problema importante con el teléfono. Antes de nada, el teléfono suena durante la cena y alguien desaparece durante el resto de la comida. No recibo mis mensajes y Ana dice que los chicos más pequeños estáis siendo mal educados con sus amigos. Papá intenta llamar a casa a las 6.30 y no puede conseguirlo.»*

- Explique cómo se siente usted respecto al problema: *«Estoy tan harta del teléfono que me dan ganas de tirarlo a la basura.»*

- Convoque una tormenta de ideas para recoger soluciones: *«Estoy abierta a sugerencias respecto a la manera en que podemos respetar las necesidades de todos. ¿Alguna idea?»*

- Seleccione un plan para ponerlo a prueba durante una semana y con el que todos puedan estar de acuerdo (si su hija está enfurruñada o no tiene nada que añadir, dé usted un par de ideas que crea que van a funcionar). En el caso de la familia anterior, el plan podría incluir:

  1. No habrá llamadas durante las horas de comer; utilice un contestador, ignore el timbre del teléfono o haga que un miembro de la familia tome los mensajes para todos.

2. No hablar por teléfono durante el tiempo que el padre tiene tendencia a llamar, digamos desde las 6.15 a las 6.45.

3. Haga prácticas con los niños menores sobre la manera de hablar cortésmente con los amigos y amigas de la hermana mayor y ofrecer una pequeña recompensa a cambio de una excelente etiqueta telefónica.

4. Ate un bloc de mensajes a cada teléfono; quien se olvide de escribir o de pasar un mensaje será multado con cien pesetas.

- Tenga una reunión de familia de seguimiento para ver cómo marcha el plan.

- Decida mantener el plan o rectificarlo para que funcione mejor.

3. Si está harta y cansada de que a usted le toque lo peor del tema del teléfono, puede someter a consideración el regalarles su propio teléfono a los niños, que tendrán que alquilárselo a usted haciendo tareas de la casa o utilizando su asignación. El uso del teléfono (gracias a los enchufes telefónicos) puede ser reducido si no pagan el alquiler o si abusan del mismo del modo que sea.

No estoy segura de cómo me siento por lo que respecta al teléfono de los niños y aún no me he sentido tentada a tomarlo en consideración, pero creo que puede ser un acto necesario de autodefensa, especialmente en el caso de gente que trabaja fuera de casa o que tiene más de un niño que es un exagerado usuario del teléfono.

Sin embargo, jamás le compre un teléfono a su hija justo después de que se haya comportado terriblemente por lo que respecta al teléfono familiar. Eso sería igual que recompensar el abuso del teléfono. Lo siguiente de que se enterará será de que le está diciendo a sus amigas: «Lo único que tienes que hacer es volver locos a tus padres usándolo todo el tiempo y te comprarán uno para ti sola.» Primero solucione la cuestión de la etiqueta telefónica y luego piense en la manera de que sus hijos se ganen su propio teléfono.

Si sigue usted este camino, tenga bien presente que «se trata de un privilegio, no de un derecho de nacimiento».

24

Orejas agujereadas, «piercing» (o lo que sea)

El problema

Su hija (o su hijo) quiere que le agujereen las orejas y ¡ójala que no sea cualquier otra parte del cuerpo! Lo que usted quiere es que espere.

Pensarlo de nuevo y bien

En muchas culturas, especialmente en las de los países que bordean el Mediterráneo, las orejas de las niñas se agujerean al nacer y en esas culturas el valor de la tradición supera a la preocupación por el daño momentáneo que eso le hace al bebé. Aquellos de nosotros que decidimos no hacerles este servicio a nuestras niñas es probable que, más adelante, nos enfrentemos al problema. No creo que haya una edad adecuada o no adecuada para que las chicas (o los chicos) hagan que les agujereen las orejas, pero sé que el llamado «piercing» sí que presenta varios problemas y que se trata de una decisión que involucra tanto a los hijos como a sus padres.

El momento en que su hija se agujeree las orejas es, en realidad, cuestión de los valores personales de sus padres. Los agujeros son tan permanentes y tan irreversibles que algunos padres preferirían que sus hijos fueran ya adolescentes y lo bastante mayores para estar seguros de que no lo lamentarán o les importará el dolor momentáneo del procedimiento.

Una de las preocupaciones de los padres es que llevar pendientes puede ser una señal de la emergente sexualidad de su hija o puede cuestionar la masculinidad de su hijo. Yo he visto que muchas compañeras de clase de mi hija llevaban grandes pendientes colgantes y un chico de diez años que estaba en su campamento llevaba un aro diminuto en su oreja. No pude evitar pensar: «Vaya, tienen unos padres flexibles». Me imagino que muchos padres se sienten muy incómodos con ambas cosas.

Que a uno le agujereen las orejas es algo doloroso y eso puede ser un factor disuasorio. Los padres quieren evitar encontrarse con que su hija tiene una oreja agujereada y se niega a dejar que le hagan lo mismo en la otra.

Últimamente no se trata sólo de esos dos pequeños agujeros. Las chicas se hacen múltiples agujeros en los lóbulos de las orejas. Algunas se agujerean la nariz. Los chicos pueden hacerse agujerear una oreja o las dos. Tanto hombres como mujeres se están haciendo hacer agujeros en otros lugares de su cuerpo. Es de esperar que estas perforaciones más poco habituales no sea lo que desean nuestros hijos hasta llegar a la adolescencia o más tarde aún.

Una de las ventajas que tiene el agujerearse las orejas es que los pendientes han ayudado a distinguir a las chicas de cabello corto de los chicos que llevan un peinado similar. Estoy convencida de que el pequeño ego de una chica de diez años consiguió sobrevivir sin daños gracias a la sensibilidad de la madre hacia las necesidades de su hija, que se había hecho un corte de pelo adorable, pero tan corto que algunos de sus compañeros de clase la estaban molestando sin piedad. Un viaje rápido al joyero y Teresa presumía de unos diminutos pendientes de oro, del tipo botón. Las bromas cesaron.

Puede que descubra que lo de agujerear las orejas parece mucho más tremendo antes que después. Un padre soltero amigo mío se mostraba inflexible respecto a permitir que a su hija la «mutilaran» cuando tenía cinco años. Un año más tarde y después de que hubiera cedido ante sus súplicas me dijo que no estaba del todo seguro del motivo por el que se había opuesto tanto; ahora no le parecía gran cosa. Una vez que esté usted preparado, creo que se sentirá cómodo con su elección, especialmente si su hija lleva unos pendientes apropiados para su edad, como unos botoncitos o unos aros muy pequeños. Si su hija elige unos pendientes que hacen que parezca como si fuera disfrazada, dígale que llevarlos en público la haría parecer demasiado vieja.

Cómo conseguir mantener intactas sus orejas

1. Si después de pensar en todos los puntos y de hablarlo con su pareja decide usted que no está preparada para que su hija se agujeree las orejas, intente fijar una posible fecha futura, como cuando cumpla trece, quince o incluso dieciocho años. Siempre he pensado que pagarle el agujereado de las orejas es un regalo sensacional para celebrar un momento importante en la vida, como haber terminado la escuela elemental o convertirse en una adolescente.

2. En este caso no veo qué daño puede hacer ser el malo de la película. En ocasiones no queda más remedio.

> *Sé que te mueres de ganas de que te agujereen las orejas y que Catalina ya lo ha conseguido y sólo tiene diez años, pero resulta que yo no estoy cómoda con ello. Podrás hacértelas agujerear cuando vayas al instituto.*

3. Está claro que usted no debe ceder, pero intente comprenderla. Escuche sus razonamientos y demuéstrele su empatía utilizando el reflejo.

Kati: Pero, mamá, eres tan antigua.

Madre: ¿Crees que sólo soy un vejestorio conservador?

Kati: Claro. Incluso los bebés tienen agujeros en las orejas.

Madre: Sí, es cierto, hay padres que hacen agujerear las orejas de sus bebés.

Kati: Ojalá hubieras hecho que me las agujerearan cuando era un bebé.

Madre: Puede que hubiera sido mejor, pero no queríamos hacer nada que pudiera hacerte daño. ¡Pensamos que nacer ya era bastante traumático!

Kati: Por lo menos, ahora ya tendría agujeros en las orejas.

Madre: Es cierto, los tendrías.

Kati: Mamá, soy la única chica de la clase que no los tiene.

Madre: ¿De verdad, cariño? ¿La única?

Kati: Bueno, casi.

Madre: No me extraña que seas tan desgraciada.

Kati: Así que ¿puedo? ¿Por favor?

Madre: Cariño, tu padre y yo hemos hablado de esto y nuestra decisión es que tienes que esperar a tener trece años. Y sé que te enfadarás, pero nosotros tenemos que hacer lo que creemos que es correcto.

En este ejemplo, la madre está más interesada en prestar oídos al dolor y la frustración de su hija de lo que lo está en ganar la discusión. Fíjese en que no discute con su hija, diciendo: «Estoy segura de que hay varias chicas que todavía no tienen agujeros en las orejas». Kati necesita que la escuchen, no que le demuestren que está equivocada.

4. Si su hija le pide que le agujereen las orejas de cara a un cumpleaños en particular u otra ocasión, piense en regalarle alguna otra joya que sea especial para ella como un guardapelo o una pulsera con colgantes.

Cómo decir no y mantenerlo

1. Si su hija sigue discutiendo puede usted seguir mostrándole su simpatía al respecto, pero también puede decidir mantenerse firme. Cuando Kati intente hacerla saltar, usted la ignorará y se resistirá a dejarse involucrar en una discusión:

Kati: Mamá, estás siendo muy injusta.

Madre: Me imagino que eso es lo que parece, cariño.

Kati: Todos los chicos que yo conozco, quiero decir todas las chicas y la mitad de los chicos, tienen agujeros en las orejas.

Madre: Así que ¿soy la única madre que no lo autoriza?

Kati: Correcto, la única que está siendo una estúpida.

Madre: Supongo que eso es lo que parece.

Kati: Podría hacérmelo yo misma con una aguja.

Madre: No puedo impedírtelo, pero te diré que cuando yo iba a la universidad, algunas chicas lo hicieron con una aguja, hielo y una patata. Fue doloroso, les salió bastante sangre y los agujeros no quedaron exactamente donde ellas los querían. Algunos se infectaron. Espero que no creas que has de llegar tan lejos.

Kati: ¡Qué horror, mamá!

Madre: Sí, fue horroroso.

Kati: ¿Pero qué puedo hacer? Me dices que «no» sin motivo alguno.

Madre: Puede que a ti te lo parezca, Kati. Yo creo que eres demasiado joven para hacerte agujeros en las orejas y demasiado joven para llevar pendientes.

Kati: Tú tienes agujeros en las orejas.

Madre: Sí, pero con agujeros o sin ellos, he tomado una decisión y lo único que siento es que te haga sentir infeliz.

Kati está siendo bastante desagradable con su madre, pero fíjese que ésta no se pone a la defensiva. Deja que Kati se desahogue un poco. La madre ignora sabiamente los intentos de herirla de su hija y esto actúa como control de daños.

2. Si su hija empieza a gritar, llorar, hacer una escena, ir dando golpes a las cosas, o su lenguaje se vuelve más pintoresco u ofensivo, puede salir tranquilamente de la habitación. Si quiere, diga algo parecido a: *«Cuando te calmes hablaremos más del tema»*, o *«Se ha terminado la conversación»*. Si prefiere seguir en la habitación, de acuerdo. Tome una revista o un libro, encienda el televisor o tome el teléfono. Sin embargo, no preste atención alguna al sonido ni a la furia.

Puede que no sea nada fácil y que incluso la asuste su rabieta. Confíe en mí, su mejor defensa es permanecer en calma y serena.

3. Si su hija amenaza con romper algo o causar algún otro daño, dele un aviso de una consecuencia y siga adelante si se la gana.

> *Kati, si al dar un portazo rompes la moldura o cualquier otra cosa, lo pagarás con tu asignación.*

Recuerde los elementos de una consecuencia eficaz:

debe tener significado para su hijo;
debe usted controlarla;
debe estar dispuesta a ponerla en práctica, y
debería ser mínima.

Y además estaría bien que fuera oportuna en cuanto al momento y la madre de Kati ha elegido una consecuencia que va perfectamente con los portazos que ella está dando.

También quiere usted que la consecuencia pueda ponerse inmediatamente en práctica y aún sería más eficaz si todo esto estuviera sucediendo el «día de cobro», o si Kati guardara sus ahorros en su habitación en lugar de en un banco y su madre pudiera cobrar al momento.

4. Si su hija (o hijo) se va al centro comercial con una amiga y aparece en casa llevando pendientes en las orejas, debería administrarle una consecuencia por actuar en contra de su decisión, pero puede que sea difícil que

se le ocurra una. Puede decidir no dejarla ir con los amigos o amigas al centro comercial durante una semana, o pedir sugerencias:

Creemos que necesitas cumplir con una consecuencia por actuar en contra de nuestra decisión. Nos gustaría que pensaras en ello y se te ocurriera una. Si no puedes, lo haremos nosotros.

A menudo a los niños se les ocurren consecuencias para sus actos que son absolutamente novedosas, justas y apropiadas. El problema es que también es frecuente que sean demasiado severos con ellos mismos.

25

Quedarse solos en casa con los amigos

El problema

Su hijo o su hija le suplica que le permita invitar a sus amigos a venir a casa o ir a jugar a la casa de una amiga y, en ambos casos, sin supervisión de los padres. Usted quiere que su hijo comprenda que quedarse a solas con los amigos no es necesariamente seguro y que usted debe decir «no».

Pensarlo de nuevo y bien

Está claro que hay algunos niños que a los once años ya son perfectamente capaces de quedarse solos durante cortos periodos de tiempo, si están físicamente seguros (saben lo que hay que hacer en una emergencia o tienen vecinos a los que pueden recurrir) y se sienten emocionalmente seguros (no tienen miedo de estar solos). Si su hijo es menor de once años, no es aconsejable que le deje solo. Hay muchos lugares en que los asistentes sociales de atención a la infancia investigan si se les informa de que un niño de diez años o más pequeño se queda solo durante un período cualquiera de tiempo.

Al criar a mis hijos, me he encontrado con que es frecuente que quieran quedarse en la casa de un amigo mientras los padres están fuera, o quieren que vengan a casa amigos suyos mientras yo no estoy en ella. Aunque usted ya puede dejar que su hijo se quede solo en casa durante cortos periodos de tiempo, digamos veinte minutos, mientras usted sale corriendo a comprar un cartón de leche, le aconsejo que no deje a su hijo solo con amigos y sin atención.

Cuando los niños empiezan a andar, los padres nos preocupamos mucho por que el entorno hogareño, la casa de la canguro o de los amigos y familiares sean a prueba de niños. Por un momento ampliemos esta idea al hijo mayor. ¿Qué sucedería si en su casa se jugara sin supervisión? ¿Puede descartar que su hijo y sus amigos no tocarán cosas que no deberían tocar como cerillas, cigarrillos, alcohol o productos de limpieza? Hay niños a los que les gusta hacer experimentos en la cocina, probar el maquillaje y la laca de uñas, o dedicarse a otras actividades que exigen su supervisión. Incluso si su hijo no pensara en hacer nada de eso por sí solo, ¿podría dejarse influenciar fácilmente por otro? ¿puede estar segura de que él se plantaría y diría: «¡Oye, no podemos hacer eso, mis padres me matarían!»?

Si se trata de ir a jugar a casa de otro niño, ¿conoce bien a los padres de este amigo? ¿Sus costumbres y sus reglas? ¿Y lo bien que su hijo sigue las reglas? ¿Sabe si hay un arma de fuego en la casa? ¿Si está cargada? ¿Si el amigo de su hijo sabe dónde se guarda el arma o podría encontrarla por accidente? ¿Y qué hay respecto a otros materiales para adultos como vídeos, revistas y demás que usted no querría que viera su hijo?

Incluso si las cuestiones de seguridad no son una preocupación, el que haya un adulto rondando por ahí acostumbra a proporcionar una sensación de calidez y comodidad con la que la mayoría de niños disfrutan pero que puede que no quieran decir qué quieren. Por supuesto, en el caso de los chicos mayores esa comodidad se establece incluso si los adultos se mantienen fuera de su vista (que es lo que ellos prefieren).

Aquí tiene pues mi permiso para que sea usted un poco exigente, un poco cauta, y un poco demasiado protectora cuando se trata de dejar a los chicos sin compañía. Su propio hijo puede ser muy maduro y digno de confianza pero no puede usted prever todos los peligros potenciales. No tiene usted que invadir su terreno o ser dominante, pero sí que necesita asegurarse de que sus hijos están a salvo.

¡¡¡Solo en casa, no!!!

1. A medida que los niños crecen, necesitan una mayor independencia, oportunidades para explorar y oportunidades para desarrollar la responsabilidad. Si el vecindario es seguro, a un niño o niña de cuatro años le va bien poder ir andando a casa del vecino (en áreas de mucho tráfico, debe estar en el mis-

mo lado de la calle). Uno de siete u ocho años siente una maravillosa sensación de libertad si ha de ir andando una manzana o dos para visitar a un amigo. Si la comunidad es segura, puede ser ideal que a los diez años vaya solo a la escuela.

Pero debe usted distinguir siempre entre las experiencias que representan libertad y las que exponen a un niño al peligro. Si, al crecer, usted le habla de los motivos por los que le permite ciertos privilegios y le niega otros, siempre intentando ser justa y realista, su hijo sabrá que usted sólo piensa en lo que es mejor para él. De todos modos, es posible que no se sienta feliz con sus restricciones.

2. Utilice las experiencias de padres a los que respete para que sean la base de sus decisiones, especialmente si tiene tendencia a ser demasiado restrictiva o demasiado permisiva. Averigüe la manera en que sus hijos disfrutan de sus privilegios y pregúnteles qué es lo que a ellos les ha funcionado. Las experiencias de los demás pueden darle las mejores ideas para establecer las reglas familiares.

3. El temperamento de su hijo puede ser una medida más exacta que su edad para determinar las directrices de seguridad. El niño que es cauto por naturaleza puede manejar la libertad de una manera mucho más pensada que el niño que es impulsivo.

4. Cuando el estar solo en casa no sea un problema inmediato, establezca su regla de «solo en casa» durante una charla familiar. Para que su hijo le tome a usted en serio, puede que tenga que aprovechar un reportaje sombrío aparecido en televisión o en los periódicos, de un desastre doméstico como un incendio o un tiroteo accidental, que se ha producido cuando los chicos se quedaron solos.

Asegúrese de que su hijo entiende claramente la regla: *«Si los padres de Andrés no están en casa, no tienes permiso para quedarte a jugar. Vuelve a casa.»* O la regla puede ser: *«Sólo puedes jugar fuera si sus padres están en casa»*, o *«Si los padres de Andrés tienen que salir, debes telefonearme desde su casa»*.

5. No rompa usted la regla de solo en casa, por muy tentado que se sienta a hacerlo. Puede que tenga la casa llena de niños responsables de ocho y nueve años y descubra que se ha quedado sin leche. ¿Qué puede tener de peligroso ir corriendo hasta la tienda de la esquina? El peligro para los chicos será mí-

nimo pero su hijo recordará que usted rompió la regla: «¡Pero papá! Nos dejaste solos cuando te quedaste sin leche, ¿te acuerdas? Y no pasó nada, ¿verdad?» Es difícil discutir su lógica.

6. Empiece a utilizar una cautela extraordinaria cuando su hijo sea capaz de telefonear a un amigo e invitarse a ir a su casa con lo que, luego, saldrá disparado por la puerta gritando por encima de su hombro: «Estaré en casa de David...». Detenga al hombrecito y averigüe, exactamente, cuáles son sus planes. A qué casa va, cuánto tiempo estará allí, quién estará allí, quién no, y demás. Si lo que quiere su hijo es quedarse con un amigo cuyos padres están fuera, dígale por qué es inseguro y que la respuesta es «no».

No hará daño alguno hacer que su hijo le telefonee cuando llegue a casa de su amigo, que le deje hablar con su padre o su madre para que usted le diga que si ellos necesitan salir, tienen que enviar a su hijo a casa.

7. A medida que su hijo se vaya haciendo más independiente y usted tenga menos control se irá haciendo más difícil cubrir todas las posibilidades. Mi hijo Kyle ya sabe ahora que tiene que decirme: «Voy a casa de Jack. Si su madre no está en casa, volveré. O puede que vaya a casa de David. Te llamaré.» Y lo hace, pero establecer estos patrones nos costó mucho esfuerzo.

Cómo decir no y mantenerlo

1. Cuando su hijo le pida permiso para ir a jugar a solas con un amigo, recuérdele la regla e infórmele de sus opciones. Puede decir: *«Invita a Enrique a venir aquí y luego, más tarde, los dos podéis ir a su casa cuando su madre o su padre hayan vuelto.»*

2. Si le sigue importunando para quedarse solo en casa con un amigo o para que le deje ir a casa de un amigo cuando sus padres no están, manténgase firme utilizando la técnica del disco rayado. Seleccione una frase corta como: *«La respuesta es no»*, o *«El tema está cerrado»*, y repítala en respuesta a todos sus razonamientos.

Tomás: ¿Por qué no puedo ir a jugar a casa de Enrique cuando su madre no está?

Madre: Tomás, ya te lo he explicado varias veces. Ahora, el tema está cerrado.

Tomás:	No confías en los niños.
Madre:	El tema está cerrado.
Tomás:	Mamá, no eres justa.
Madre:	El tema está cerrado.
Tomás:	¿Por qué me tratas como si fuera un bebé?
Madre:	El tema está cerrado.

3. Como se trata de un tema de seguridad y hay poca información nueva que vaya a hacerla cambiar de opinión, limítese a ignorar los razonamientos, la agitación y los berrinches una vez que haya expuesto claramente los motivos de su regla.

4. Si las protestas se alargan demasiado, son demasiado ruidosas o son intolerables por el motivo que sea, utilice un aviso de una consecuencia. Mírele fijamente a los ojos, transmítale su aviso con calma pero firmemente y esté dispuesta a llevarlo hasta el final.

Si vuelves a patear la mesa una vez más, no te permitiré que Enrique venga hasta dentro de media hora.

5. Está claro que si él se pone a dar patadas a los muebles, debe usted seguir adelante con la consecuencia: *«Bien, Tomás, no se permitirá que vengan amigos hasta que sean las 10.30.»* Si se produce otra pataleta: *«Deja de gritar o serán las 11.00.»* Eso debería ser suficiente. (Dele un periodo de gracia de medio minuto o algo así para que se controle.)

Recuerde, cuando su hijo —finalmente— vuelva a ser él mismo, esté preparada para seguir adelante y responder a sus actuaciones positivas con las suyas.

6. Si su hijo va, sin pedir permiso, a casa de un amigo suyo cuando sus padres no están en casa, debe administrarle una consecuencia. Por ejemplo, puede prohibirle ver a ese amigo en particular durante el resto del día, o prohibirle jugar fuera de casa al día siguiente.

26

Las citas

El problema

Su hijo o su hija quiere tener una cita (traducción: salir por la noche con alguien del sexo opuesto sin la supervisión de un adulto). Usted no puede creérselo y preferiría no tener que enfrentarse a ello en modo alguno.

Pensarlo de nuevo y bien

Si todo este tema le parece absurdo, no se precipite. Como asistenta social he conocido a madres adolescentes que no tenían más de once o doce años y a padres adolescentes no mucho mayores. Ahora los chicos se mueven a un ritmo mucho más rápido. Y a pesar de que hay algunos que, de verdad, están madurando físicamente antes de lo que lo hicieron sus padres y sus abuelos, la madurez física no va acompañada de la madurez emocional. Los chicos y chicas de diez, once y doce años no son los de dieciséis, diecisiete y dieciocho años. Siguen necesitando a sus padres para que reduzcan la presión de crecer con un mensaje claro como: «Tener una cita a los doce años está fuera de toda discusión. Cuando tengas dieciséis años ya podrás tenerla.»

Perdóneme, si he asumido que en el caso de los de diez, once y doce años el problema de las citas se aplica en su mayoría a las chicas. Las chicas maduran más rápidamente, los chicos mayores las confunden con chicas de catorce, quince y dieciséis y se dejan tentar más fácilmente para tener una cita. Está claro que si su hijo la está presionando para que le deje salir con chicas de su edad o mayores, debe utilizar las directrices que se presentan aquí para establecer los límites apropiados.

Sin embargo no todas las situaciones chico/chica son motivo de pánico. Los actos en los que hay acompañantes adultos como bailes, picnics, festivales de cine, acontecimientos deportivos o comidas informales, patrocinados por su escuela, comunidad, ciudad, iglesia, grupo social o político, son posibilidades excelentes para tener una «primera cita» que puede ser apropiada para los que pronto irán al instituto. Las salidas con la familia de un amigo del sexo opuesto —ir a la bolera, al cine, a patinar o a jugar al minigolf— pueden proporcionarle a su hija la sensación de ser independiente de usted y la excitación de estar con alguien que le gusta mucho. Pueden ser unas experiencias valiosas que la ayudarán a caminar por el camino social difícil y complicado que lleva a las relaciones de adultos.

No asuma que una relación con alguien del sexo opuesto va a ser romántica o sexual. Las chicas y chicos de menos de trece años son capaces de tener amistades, y de hecho lo prefieren, que no tengan contenido sexual alguno. Esta clase de amistades pueden ser importantes para ayudarle a comprender cómo funciona el sexo opuesto (¡lo que no siempre es fácil!). El temperamento, valores, intereses y niveles de autoestima, conciencia de sí misma y responsabilidad que tenga su hija la ayudarán a determinar la cantidad de supervisión que ella requiere.

A medida que su hija se vaya acercando a la adolescencia, su desafío número uno será mantener abierta la comunicación con ella y como no va a querer que usted esté «pegada» a ella deberá retirarse un poco. Al mismo tiempo debe proporcionarle una atmósfera en la que a ella le sea fácil hablar con usted porque cuanto más hablen, más podrá detectar las señales de peligro de unas relaciones potencialmente peligrosas.

Tiene usted que decidir qué mensajes quiere hacerles llegar a sus hijos y las directrices que espera que sigan y para ello, los padres deben comunicarse entre sí y puede que eso no sea demasiado fácil. Papá: ¿está dispuesto a enfrentarse al hecho de que su niñita está empezando a madurar, a llevar sujetador, que puede empezar a recibir llamadas telefónicas de chicos y que cualquier día tendrá la menstruación? Y usted mamá, pronto va a tener a un tipo pre adolescente en su casa. ¿Cómo va a ayudarle a enfrentarse a sus cambios físicos y emocionales? La voz que se quiebra, el cuerpo que suda y muchas cosas más. ¿Cómo quiere que trate a las mujeres jóvenes? ¿De la misma manera que a usted la trataron los hombres jóvenes? Ya sé que todavía no son adolescentes pero, ¡cuidado!, no parpadee porque llegará mucho antes de lo que piensa.

Así que junten las cabezas y aclaren sus valores. ¿Cuándo quieren que tenga la primera cita y subsiguientes? ¿Cuál es su postura respecto a fiestas sin supervisión? ¿Cómo quiere que su hijo o hija trate a los demás o le traten a él o a ella? ¿Cuáles son los valores que querría comunicarles y las condiciones bajo las cuales quiere que sus hijos se vuelvan sexualmente activos?

Empiece por hablar con ellos. Sin lo que ustedes les digan, ellos harán lo que a ellos les parezca o lo que sus amigos hacen. Con su ayuda pueden quedarse con algunos de sus valores.

Cómo posponer el interés en las citas

1. No pregunten a sus hijos pequeños si tienen un novio o una novia. Podrían hacerles pensar que necesitan tener uno o una.

2. Ponga límites a la televisión y a las películas. Es probable que usted no desee que Hollywood influya más en sus hijos de lo que usted lo hace.

3. Exponga a su hija a toda una variedad de actividades. Entre los diez y los doce años, las chicas empiezan a interesarse por la música rock, el maquillaje, las joyas, la ropa más sofisticada y cualquier cosa que tenga relación con la vida adolescente. Asegúrese de que dedica un tiempo igual a otras diversiones: la música, el arte, el teatro, el patinaje, el ciclismo, el tenis, los libros, la cocina, la ciencia y muchas cosas más. Si ella aún no se ha fijado en estas actividades, haga que las conozca.

4. Enséñele a respetar los sentimientos y los cuerpos de los demás. Corrija las actitudes y comportamientos irrespetuosos. Los valores que ustedes tienen desplazarán los que están aprendiendo en la escuela o en el parque. El verano que mi hijo Kyle tenía siete años asistió a unas colonias. Estaba practicando una escena cómica que varios chicos habían montado. El padre de Kyle le escuchó y luego dijo: *«Sabes Kyle, es posible que vosotros, los chicos, no hayáis querido que sea así, pero el guión se burla de los cuerpos de las chicas y podría lastimar, de verdad, sus sentimientos o hacer que se enfadaran.»* Un par de días más tarde Kyle seguía ensayando pero las palabras eran diferentes. «Decidimos que la otra escena era sexista así que estamos haciendo una nueva», explicó. Se había tomado a pecho las palabras de su padre, se lo había dicho a sus camaradas del campamento y se habían puesto de acuerdo para cambiarlo. Puede ayudar a sus hijos y a otros si corrige sus actitudes irrespetuosas.

5. Haga que sus valores queden bien claros ante su hija y no tema ser directo. Por ejemplo, en la cuestión de los novios o amigos especiales, puede usted decir: *«A pesar de que no puedo impedir que alguien te guste mucho, preferiría que no tuvieras un amigo o un novio formal hasta que vayas al instituto o más tarde.»* Y yo me olvidaría de importunarla o sermonearla con frecuencia, al respecto.

6. Monte fiestas con adultos que supervisen, o sea que hagan de «carabina». Deje que los chicos elijan libremente la comida, la música, los amigos a los que hay que invitar (sólo amigos de su edad), y una cierta flexibilidad respecto a las horas. No vaya planeando por todas partes, pero esté allí. Dele a su hija instrucciones claras y haga que le diga si sucede algo de lo siguiente: chicos que utilizan dormitorios, apagan las luces, forman parejas y desaparecen, utilizan drogas o cualquier sustancia para uso de los adultos como cigarrillos, alcohol o vídeos de clasificación X.

7. Dele privilegios nuevos cada año para que no pase de los límites de una niña de ocho años a los de una chica de dieciséis, sin aumentar las oportunidades de aprender a manejar la responsabilidad. Acostarse más tarde, programar ella misma su tiempo para hacer los deberes, estudiar sola en la biblioteca, quedarse sola durante períodos de tiempo y sin una canguro, quedarse sola una noche (cuando se sienta cómoda) y utilizar los transportes públicos son unos buenos pasos hacia la independencia.

8. Siga hablando con su hija. Encuentre una hora semifija en que usted y ella puedan reunirse. La hora de acostarse es un momento sensacional para una charla tranquila y relajada. No vaya husmeando, sólo esté disponible. Si lo ha pasado mal hablando con su hija o su hijo puede que su esposo se sienta más cómodo. No creo que la persona que hable tenga importancia (en realidad, lo importante es escuchar), sino que eso se produzca.

9. Conozca a los amigos de su hija. Puede que se le haga más difícil a medida que ella se vaya haciendo mayor y conozca niños de más allá de su manzana o de fuera de su círculo de amigos. Si la lleva en coche a la escuela, aproveche uno de los momentos en que la deje o la recoja para intercambiar unos breves saludos con los niños con los que ella esté. Haga que ella invite a uno o dos o incluso a un grupo pequeño a cenar pizza o algún otro tipo de comida informal, un viernes por la noche. Conozca a los padres de sus amigas en los acontecimientos y actos escolares. No tienen por qué ser amistades, sino solo conocidos. Su hijo o su hija entra y sale de sus casas y usted tiene que querer saber quiénes son.

10. A una edad temprana procúrele educación sobre la salud y el sexo. Hay libros sensacionales que hablan del cuerpo y todas sus partes y su funcionamiento, adecuados tanto para chicos como para chicas. Sea franca y abierta al responder preguntas. Sígales la corriente —su objetivo no es avergonzarles— pero debe sentirse absolutamente libre de tener charlas respecto a la madurez, sexualidad, citas, y a qué se parecerá la adolescencia. Aproveche esos momentos maravillosos de su vida en que su hija quiere contarle como se siente.

11. Confíe en sus «potrillos» a menos que tenga muy buenas razones para no hacerlo. No asuma —sin pruebas muy importantes— que su hijo está infringiendo sus reglas o se ha lanzado a una vida de sexo, drogas y rock'n roll. No se precipite amenazando con un convento o con el reformatorio a la primera llamada telefónica de alguien del sexo opuesto. Puede resultar que es usted misma la que empuja a su hijo a unos comportamientos que no tienen nada de estupendos.

He conocido a varios jóvenes adolescentes cuyos padres se mostraban tan suspicaces y tan inquisidores respecto a la conducta de sus hijos que éstos dejaron de confiarles cualquier información sobre sus vidas. Los niños, que al empezar eran inocentes, empezaron a experimentar precisamente con aquellas conductas de las que sus padres sospechaban. Se volvieron solapados y evasivos y desarrollaron la actitud de «Bueno, si me acusan de ello, será mejor que sea culpable». Es interesante saber que varios de esos padres habían sido adolescentes descontrolados y no esperaban que sus hijos se comportaran mejor. No puedo expresarle de forma adecuada la sensación de desesperanza que estos chicos jóvenes sintieron cuando sus padres creyeron que ya no eran unos «buenos chicos».

Hace poco, una niña de doce años me dijo: «Se lo cuento todo a mi madre y ella lo utiliza en mi contra. Cuando vamos en el coche ni siquiera miro a los chicos que pasan por nuestro lado, porque entonces ella me dice: "Será mejor que ni siquiera pienses en salir con alguien así." ¡Ni siquiera puedo mirar a los chicos!».

Proporciónele unas expectativas claras y razonables y luego confíe en ella y en su buen juicio. Si su hija empieza a comportarse de manera que la preocupe, busque la guía de un consejero familiar que esté especializado en niños y adolescentes y que le ayudará a colocar los comportamientos en el contexto de su edad y desarrollo y, además, a caminar por el filo de la navaja que es esa línea finísima que separa el reaccionar excesivamente de hacerlo demasiado poco.

Cómo decir no y mantenerlo

1. Asegúrese de que usted entiende lo que su hija quiere decir con su pregunta: «¿Puedo salir con alguien?» o «¿Puedo tener una cita?». ¿Es posible que quiera decir que se trata de un acto en el que habrá «carabinas»? Es posible que a su edad, ni siquiera se le haya pasado por la mente la idea de ir a un cine para automóviles con un chico de dieciséis años. Es posible que esté pensando en un pequeño grupo que va a una galería de máquinas recreativas, en ir al centro comercial a ver una película, o encontrarse con un amigo en la heladería. Es posible que quiera ir a un parque de atracciones con la hermana mayor de su amigo y su novio o incluso (¡sí!) ir a la biblioteca a estudiar con un compañero. Antes de que le entre el pánico, consiga más información sobre lo que ella tiene pensado.

2. Si la invitación ha partido de un amigo, averigüe cómo se siente su hija al respecto. Muchas chicas se sentirían incómodas con una oferta muy adulta y se sentirían muy aliviadas de oírla decir: «No mientras yo viva.» Antes de que le dé a usted un ataque diga: *«Me pregunto cómo te sientes al respecto. Cuando yo tenía tu edad me hubiera sentido algo incómoda.»* Eso podría ayudar a su hija a expresar sus verdaderos sentimientos respecto a la invitación.

3. Cuando su hija reciba alguna invitación, telefonee a los padres del niño. Asegúrese de que habrá un adulto presente y que la situación cumple con sus normas de seguridad. Si su hija se resiste a ello, dígale: *«Cariño, no lo estoy haciendo para avergonzarte sino porque mi trabajo es que estés segura.»* Si empieza a dar un espectáculo, dígale tranquilamente: *«Para que yo te deje ir con la familia de Jack, necesito hablar con sus padres.»* Si no quiere que usted llame, puede negarse a dejarla ir.

4. Piense de forma positiva. Decida qué es aquello a lo que puede decir «sí». Puede que su hija tenga varias posibilidades de elección. Guarde su «no» para cuando ella le pregunte: «¿Puedo salir sola con un chico en una cita?».

5. No sermonee; los chicos odian que se les sermonee. Deje bien claro, una sola vez, que ésta es la única decisión que puede usted tomar como padre o madre responsable y ahórrele el sermón.

6. Si después de que usted haya echado el freno, ella quiere hablar de ello de una manera tranquila y calmada, de acuerdo. Escúchela, oiga sus razonamientos e intente comprender su punto de vista. Aténgase a su decisión a menos que descubra que su definición de las citas implica salir con sus padres (los de ella). Hágale saber qué es lo que va a permitir: *«A pesar de que no puedes ir al centro comercial con él, puedes invitarle a venir a casa para comer pizza y ver un vídeo.»*

7. Si debe decir no, esté preparada para ignorar las rabietas, los gritos, insultos, suspiros, ojos en blanco, maldiciones y otras reacciones pensadas para hacerla irritar. Mírela fijamente a los ojos, diga con calma *«El tema está cerrado»*, dese la vuelta y tome una novela interesante. Mantenga los ojos fijos en la página a pesar de que vea borrosas las palabras. Si ella persiste, recurra a la técnica del disco rayado. Repita *«El tema está cerrado»* hasta que ella se aburra o se disguste y salga disparada hacia su habitación.

8. Si ella infringiera su regla y se escapara sin permiso para tener una cita sin supervisión, adminístrele una consecuencia apropiada, como la pérdida de privilegios telefónicos durante veinticuatro horas o prohibirle salir de casa durante todo el fin de semana próximo. Después, proceda con precaución pero no con paranoia. Confíe en que su hija habrá aprendido la lección y dele la oportunidad de volver a ganarse su confianza.

Glosario

A lo largo del libro se dan ejemplos de las herramientas y términos siguientes. He pensado que querría tener una referencia concisa de los mismos. En las páginas siguientes podrá aprender más sobre:

- El anuncio.
- El aviso.
- El cofre del tesoro.
- La consecuencia.
- El cuadro de buena conducta o comportamiento.
- «¿Cuál es tu plan?».
- El desarrollo del niño/edad del desarrollo.
- Los diarios, «libros» de sentimientos y sensaciones.
- La elección.
- Los elogios y la atención positiva.
- Ignorarles.
- Invitarle a volver a la familia.
- La orden.
- «Píllelos cuando son buenos».
- La prueba.
- Quedarse sin salir.
- El recordatorio.
- El reflejo (escucharles de manera activa o empática).
- La reunión (consejo) de familia.
- La técnica del disco rayado.
- El temperamento.
- El tiempo de elegir.
- El tiempo fuera de juego.
- La tormenta de cerebros *(brainstorming)*.
- El trato de cuando/luego.

El anuncio

Un anuncio permite que su hija sepa que pronto va a tener que dejar de hacer lo que está haciendo y pasar a hacer otra cosa. Haga un anuncio, cinco, diez o todo lo más, quince minutos antes de que necesite que deje de jugar. Cuando haya pasado el tiempo diga: «*Se ha terminado el tiempo. Tenemos que irnos.*» Cuando haga lo que se le ha dicho, alábela.

Si sus hijos todavía no saben leer el reloj, lleve un avisador tipo cocina (*«Cuando suene el avisador será hora de comer»*) o indíqueles otra medición que puedan comprender (*«Cuando haya pasado tu turno, tendremos que guardar el juego», o «Puedes bajar cuatro veces más por el tobogán y luego nos marcharemos»*).

El aviso

(Por favor lea también la consecuencia.)

Un aviso es la promesa hecha a su hijo de la consecuencia que usted le administrará a menos que empiece a comportarse de cierta manera o deje de hacerlo. Utilice un aviso o advertencia cuando su hijo empiece a comportarse de un modo perjudicial o dañino para los demás y también cuando su hijo ignore una orden y tenga usted que pasar a otro nivel de establecimiento de límites.

A menos que la situación sea peligrosa intente siempre dar un aviso antes de administrar una consecuencia. (La excepción es cuando los hermanos se pegan; puede utilizar un «aviso permanente» para eso). El aviso le da a su hijo la oportunidad de ser responsable de sus propias acciones. Puede seguir comportándose del mismo modo o dejar de hacerlo y recibir elogios.

El cofre del tesoro

Un cofre del tesoro es una colección de golosinas y chucherías que pueden estar envueltas o no. Los buenos artículos del cofre del tesoro son: cosas baratas que han quedado después de alguna fiesta, pegatinas, pequeñas cajas de lápices, canicas o pedazos de papel enrollados y atados con hilo en los que usted escribe actividades (poner cintas de música, bailar con mamá durante 15 minutos, pintar, que le lean algo, leer para mamá o papá, enviar una postal al abuelo, salir a pasear el perro, visitar una biblioteca, una lección de ir en bicicleta de 20 minutos, alquilar una película de vídeo, hacer galletas, invitar a un amigo a pasar la noche en casa, etcétera).

A cambio de haberse comportado extraordinariamente bien, su hijo puede elegir algo del cofre. Debe usted estar deseosa de cumplir inmediatamente con su parte cuando su hijo se haya ganado el derecho a elegir un tesoro.

La consecuencia

Una consecuencia es la pérdida de un privilegio:

- que tiene significado para el niño,
- que usted controla,
- que está usted dispuesto a retirar y
- cuya duración es mínima.

Consecuencias factibles:

- irse a la cama de 5 a 15 minutos antes de lo habitual,
- quedarse sin televisión esa noche o la pérdida de los primeros diez minutos del programa favorito,
- no se puede utilizar el teléfono,
- pérdida de tiempo de elegir,
- dejar de jugar entre 2 y 10 minutos,
- no se puede utilizar un juguete determinado entre 2 y 10 minutos,
- tiempo fuera de juego de 1 a 10 minutos.

Intente siempre dar un aviso antes de administrar una consecuencia (vea aviso/advertencia).

El cuadro de buena conducta

Se trata de un registro que se cuelga de una pared y que hace que su hijo recuerde sus tareas diarias de una manera divertida y sin ser pesado, mientras que a usted le recuerda que tiene que elogiarle cuando haya terminado con éxito las tareas diarias. He aquí la manera de montar u cuadro para los deberes:

1. Elija cinco o seis objetivos diarios para su hijo. Asegúrese de que tres de ellos sean tareas fáciles para él. Incluya la hora en que quiere que se haya terminado la tarea, el número de recordatorios que dará y cualquier ayuda que necesite.

2. Ponga los objetivos en un gráfico o cuadro por orden cronológico. Un cuadro orientado a los deberes debe tener los comportamientos siguientes:

Trae a casa el libro donde se anotan los deberes con la firma del maestro.
Trae a casa todos los materiales necesarios para hacer los deberes.

Termina los deberes en la escuela o guardería (a las 5.30) y los pones en la mochila.

Enseña los deberes a mamá o papá y los corrigen antes de las 7.30.

Antes de irte a la cama pon los deberes en la mochila.

3. Durante diez días laborables, sin que su hijo lo sepa, registre sus éxitos en cuanto a terminar las tareas (registros privados). Si su hijo está consiguiendo, por lo menos, un tercio de los éxitos posibles, su cuadro es un reto pero no excesivo y puede proponérselo.

Si no hace alrededor de un tercio de la tareas con éxito, el cuadro es demasiado difícil. Cambie una tarea por una muy fácil a fin de incrementar su tasa de éxito. Los estudios demuestran que si se alaban comportamientos que tienen una alta tasa de satisfacción (los niños los hacen con facilidad y con gusto) se incrementa el cumplimiento de otros comportamientos.

4. Hágalo público. Siéntese con su hijo y preséntele el cuadro. Diga:

Éste es un plan para ayudarte a hacer tus deberes. Cada vez que hagas una de las tareas te ganarás una pegatina. Podemos poner el cuadro en la puerta de la nevera, en tu habitación o donde tú quieras. Cada noche te daré una pequeña recompensa por cada pegatina que te hayas ganado ese día. He pensado en cinco pesetas, un caramelo de goma, un cromo de los que te gustan o cualquier otra cosa por el estilo.

5. En el caso de un chico mayor establezca el objetivo basándose en el número de éxitos que contó usted durante los registros privados. Si la primera semana terminó diez comportamientos y once la segunda, puede estar bastante seguro de que tendrá éxito en diez de las tareas. Puede ofrecerle el trato siguiente:

Si te ganas, por lo menos, diez pegatinas, el sábado cuando vayamos a comprar comida te daré diez pesetas por cada pegatina y con eso tendrás para un buen rato en las máquinas de los videojuegos.

6. Si alcanza su objetivo y lo supera, a la semana siguiente puede ponerle un objetivo de once o doce.

7. Si un niño fracasa en un punto, ignórelo. Si está disgustado, diga sencillamente: «*Mañana tendrás otra oportunidad. Pero mira, hoy has conseguido tres, qué bien.*»

8. Utilice el cuadro durante tres o cuatro semanas hasta que las nuevas costumbres hayan sustituido a las viejas. Utilícelo cuando sea necesario para inspirar más cooperación.

«¿Cuál es tu plan?»

Se trata de una pregunta sencilla que responsabiliza a su hijo para que solucione el problema que tiene entre manos. «¿Cuál es tu plan?» implica: «Es precio que haya un plan y si no presentas uno, yo lo haré.» Si tiene un hijo que coopera mucho, no tendrá que utilizar tantas órdenes directas.

He aquí un ejemplo de la utilización de «¿Cuál es tu plan?» con un niño que está mirando la televisión un sábado por la mañana, a las 9.30:

Padre: Luis, tu partido empieza a mediodía y tienes tareas que hacer esta mañana. ¿Cuál es tu plan para hacerlas?
Luis: Después de que se acabe mi programa, papi.
Padre: Me parece bien. ¿Puedo recordártelo a las 10?
Luis: Está bien.
Padre: Estupendo.

Si le suena como si fuera una especie de milagro, pruébelo. Con algunos niños, funciona bien.

El desarrollo del niño/edad del desarrollo

Todos los niños pasan por etapas de desarrollo intelectual, social, físico y emocional. Cada niño se desarrolla a su propio ritmo y puede ser precoz en un área, ir un poco atrasado en otra y según lo previsto en otra. Hay ciertas fases que podemos esperar que pasen nuestros hijos y reconocemos las señales de las mismas. El de dos años busca la independencia, el de cuatro quiere control, y así sucesivamente. Leer sobre el desarrollo de los niños ayuda mucho. Más de un padre ha elegido un libro clásico, ha leído que los de ocho años son sensibles a la crítica y ha quedado más que aliviado al enterarse de que la reciente tristeza y melancolía de su hijo es normal y, de hecho, tal como era de esperar. Seguirá teniendo que enfrentarse a las dificultades de la fase pero ya no se sentirá tan solo.

Lea sobre la edad que tiene ahora su hijo, la que tenía el año pasado y la que tendrá el próximo. De ese modo sabrá de verdad lo que puede esperar y la manera en que madura su hijo en comparación con los otros niños de su edad. Si su hijo tiene un problema de desarrollo puede determinar la edad que tiene en cuanto al mismo, leyendo sobre diferentes edades y fases. Si descubre que su niña de ocho años se comporta socialmente como las del nivel de cinco años, por ejemplo, ya sabrá qué es lo que puede esperar de ella y puede encontrar compañeras de juego de cinco años que sean apropiadas para ella.

Los diarios, «libros» de sentimientos y sensaciones

Dos técnicas maravillosas para ayudar a niños con males que pueden solucionarse:

- Lleve un diario. Dele un diario o un cuaderno en blanco a su hijo mayor y sugiérale que escriba en él sus sentimientos. En el caso de un niño que no puede escribir o que no puede hacerlo con la misma rapidez que piensa, adopte el papel del «lápiz». Dígale: *«Yo soy el lápiz. Tú me dices las palabras y yo las escribo. No diré ni una palabra, ni tampoco estaré en desacuerdo o me enfadaré o me reiré.»* Su hijo llegará a tener ese diario como un tesoro que recibirá con agrado sus problemas. Verá usted cómo lo lee una y otra vez e incluso cómo se lo enseña a sus amigos.

- Cuando su hijo tenga un problema, un dolor, o una pérdida fabrique un «libro». En el caso de los niños pequeños que empiezan a andar, el libro debería tener sólo un par de páginas con dibujos o fotos. Pídale al niño que cuente la historia. Escriba las palabras con letra de imprenta debajo de las fotos y grape o cosa las páginas juntas con lo que ya tendrán su libro. Monte otros libros cuando su hijo tenga males físicos o emocionales, prevea cambios en su vida, o necesite aliviar los traumas más importantes de separación, divorcio, o la muerte de un ser querido (o una mascota). Su hijo guardará esos libros y usted verá como, de vez en cuando, los vuelve a mirar.

La elección

Una elección es la oferta de dos opciones. Se sobrentiende que su hija debe elegir una u otra. Las elecciones son, con frecuencia, más fáciles de aceptar que una orden directa. Cuando su hija haya hecho su elección, aunque sea a regañadientes, alábela.

Orden: *«Ve a ponerte el pijama.»*
Elección: *«¿Quieres ponerte el pijama de rayas o el de color rojo?»*

Los elogios y la atención positiva

Al utilizar los elogios o la atención positiva puede aumentar los comportamientos de los niños. Los elementos de la atención positiva son:

- Vaya junto a su hijo o haga que su hijo vaya a usted.
- Póngase al mismo nivel de su hija, inclínese hacia ella.
- Establezca contacto visual, o sea, mírela a los ojos.
- Alabe la acción o el comportamiento, no al niño. Nombre el comportamiento.

- Sonría, si tiene ganas.
- Su tono de voz debería expresar la buena sensación que le produce el comportamiento que está alabando.
- El elogio debe ser inmediato.
- Evite los sarcasmos o el «Ya te lo había dicho».

Ejemplos de elogios:

- *¡Ha sido estupendo que empezaras a hacer los deberes sin que tuviera que recordártelo!*
- *Gracias por encontrar tus zapatos tan rápidamente.*
- *Aprecio mucho que hayas sido tan educado en casa de Nana.*

Ignorarles

Es una técnica muy eficaz para reducir los comportamientos que le disgustan. Cuando ignora a su hijo le da dos mensajes: «Este comportamiento me disgusta», y, «No recibirás ninguna recompensa ni te prestaré atención mientras sigas haciendo eso». Para ignorar de una manera eficaz debe:

- Darse la vuelta y apartarse de su hija.
- Romper el contacto visual.
- Mantener una expresión neutra y despegada (no hay que mostrar enfado).
- No diga nada.
- No muestre emoción.
- Ignórele inmediatamente, tan pronto como empiece a comportarse de ese modo.
- Tan pronto como su hijo deje de comportarse de ese modo o empiece a hacerlo de un modo que a usted le guste, alábelo.

Puede decirle a su hijo que va a ignorarle por medio de un anuncio:

- *No voy a hablar contigo hasta que seas capaz de hablar con una voz calmada.*
- *El tema está cerrado.*
- *Cuando seas capaz de pedirlo bien, hablaremos de ello.*
- *Mientras utilices ese lenguaje, mis oídos no funcionan.*

Invitarle a volver a la familia

Se trata de una declaración neutra que permita que su hijo sepa que ya no está usted enfadado y que está deseoso de que se una a la familia. Después de que le haya administrado una consecuencia le será de mucha ayuda utilizar una invitación a volver a la familia. El niño puede estar enfurruñado, enfadado con usted y consigo mismo y no ser capaz de aclarar la atmósfera. Hágale una pregunta: «He pensado que podríamos comer hamburguesas para cenar, Tino, ¿qué te parece?» o: «Después de cenar quiero alquilar un vídeo. ¿Tienes alguna idea respecto a una película que podamos ver todos juntos?».

Puede que su hijo no muerda el anzuelo, puede que quiera seguir enfadado un rato más, y puede llegar hasta a decir: «Odio los vídeos (o las hamburguesas)». Si lo hace, limítese a ignorar la observación. No le suplique. Aléjese tranquilamente y pruébelo de nuevo, más tarde. Por lo menos él sabrá que a usted ya se le ha pasado el enfado y, después de un rato, también le sucederá lo mismo a él.

La orden

Se trata de una sencilla manifestación que indica que hay que iniciar o detener un comportamiento. Para dar una orden eficaz debería establecer contacto visual con su hijo, nombrar el comportamiento que quiere usted que empiece o que abandone y utilizar un tono de voz firme y neutro. Si fuera necesario, dé un recordatorio o dos. Y nunca sermonee.

> No haga una pregunta: *«¿Puedes recoger tu habitación ahora?»*
> Dé una orden firme: *«Es hora de recoger tu habitación.»*

«Píllelos cuando son buenos»

Se trata de una frase utilizada por el programa de formación de padres de UCLA. La idea es que en cualquier situación, los padres deberían intentar reconocer el buen comportamiento del hijo, al tiempo que ignoran los malos (a menos, por supuesto, que sea perjudicial o dañino). El motivo es que cualquier atención que preste un padre o una madre es, de hecho, una recompensa que incrementará el comportamiento.

Supongamos que ha estado usted insistiéndole toda la tarde a su hijo para que limpie su habitación. Al final sale disparado hacia su habitación, mascullando entre dientes. A usted le disgusta la manera de andar y el hecho de que mascule entre dientes pero por fin se ha ido a su habitación y es posible que la limpie. Cuando nosotros reconocemos este «pequeño paso en la dirección correcta» y lo agradecemos con un simple «Gracias», le «hemos pillado siendo bueno». Hemos visto un montón de cosas negativas pero hemos encontrado una positiva y hemos alabado el esfuerzo del niño.

En este caso, el padre podría comprobar, unos minutos después, si su hijo ha hecho algún pequeño esfuerzo para empezar a arreglar su habitación y si es así, puede ofrecerle aliento o ayuda.

La prueba

Se trata precisamente de lo que dice, una prueba. Tiene usted que practicar sus habilidades de establecimiento de límites mientras que sus hijos tienen que practicar un comportamiento razonable. Usted sabe que se trata de una prueba, ellos no.

Una de las razones por la que los padres son mucho menos en público es que carecen de confianza. Se preguntan qué estarán pensado los demás y están seguros de que no puede ser nada bueno. Por miedo al fracaso no son ni siquiera capaces de intentar ponerle límites a su hijo. A usted la prueba le da confianza porque sabe, exactamente, lo qué hará en todo momento.

Apliquemos la prueba al problema de los pedigüeños de la tienda de comestibles:

1. Planee una salida de compras. Su lista ha de ser corta e incluir cosas sin las cuales pueda usted vivir.

2. Recuérdele a su hijo la regla: «Mientras compramos no se pide nada». Adviértale que si infringe la regla le llevará inmediatamente a casa.

3. Entre en la tienda y alabe cualquier comportamiento sensacional que vea (¡o incluso los normales!).

4. Si él quebranta una regla, anuncie tranquilamente que se marchan. Deje el carrito con el gerente y salga de la tienda. Ignore las protestas, acepte con gracia las disculpas y diríjase directamente a su vehículo.

6. Deje a su hijo con su pareja, la canguro o un vecino y regrese al mercado.

La prueba debería dejar bien sentada su credibilidad. Sus reglas y avisos tendrán más poder y se sentirá mucho más confiada en público.

Quedarse sin salir

Se trata de una consecuencia para la mala conducta y en la que los padres exigen que un hijo se quede en casa durante un periodo determinado de tiempo.

También puede incluir las restricciones en el uso del teléfono o en otros privilegios de los que disfrutan en el hogar. Quedarse sin salir acostumbra a convertirse en una opción cuando los chicos son mayores y pueden jugar fuera con chicos del vecindario, ir a la casa de sus amigos y pasear en bicicleta por el barrio.

Para que sea una consecuencia eficaz debe satisfacer ciertos criterios:

~ El quedarse sin salir ¿tiene *significado* para el niño?

Sí, si a su hijo o hija le gusta salir fuera y tiene amigos con los que quiere reunirse, pero puede que no si el mayor placer de su hijo es quedarse en casa y leer, o realizar otras actividades de las que pueden hacerse en el hogar.

~ ¿Lo *controla* usted? ¿Su hijo se quedará sin salir?

Sí, si su hijo hace lo que le dice usted. No, si sale por una ventana o se escapa por la puerta de atrás.

~ ¿Está usted *dispuesta* o *deseosa* de hacer que su hijo se quede sin salir?

Sí, si no representa una pelea. Pero puede que no si mientras se queda en casa hace que la vida sea miserable para todos.

~ ¿La duración es *mínima*?

Sí, si solo es durante una tarde o un día y puede que todo el fin de semana en caso de una infracción grave. No, si va a decirle que se quede en casa durante una semana o más.

El recordatorio

Es posible que, incluso después de que haya dado una orden clara a su hijo, tenga que darle un recordatorio. Está bien, piense que se trata de una pequeña ayuda extra que todos los niños necesitan. Lo único que tiene que hacer es repetir la orden en un tono de voz tranquilo pero firme. No se enfade. Se quedará sorprendido de ver que uno o dos recordatorios dan por resultado un cumplimiento realmente rápido. Si necesita más de dos, ya se trata de insistencia y en ese caso utilice libremente un aviso de una consecuencia.

El reflejo (escucharles de manera activa o empática)

Servirles de reflejo, también podría llamarse espejo, es una manera de escuchar y de proporcionar *feedback*, que hace que sus hijos sepan que usted sabe cómo se sienten. Usted intenta comprender la situación desde su punto de vista y lo comprueba con ellos (para asegurarse de que lo ha entendido bien).

Nosotros los padres, es frecuente que seamos muy buenos a la hora de dar razones y consejos, pero los razonamientos no calman los sentimientos heridos:

Niña: ¿Por qué no puedo tener un gatito?
Padre: No tenemos sitio para tenerlo.
Niña: Podría estar en mi habitación.
Padre: Pero cariño, no eres lo bastante mayor para cuidar de un gatito.
Niña: ¡Sí que lo soy! Te prometo que lo cuidaré.

Los consejos tampoco ayudan a un niño:

Niño: Quiero un gatito.
Padre: ¿Y si jugaras con el gatito de los vecinos?
Niño: Papi, yo quiero tener *mi* gatito.
Padre: ¿Qué te parecería si este fin de semana fuéramos al zoológico a ver a los gatos grandes, a los tigres?
Niño: Yo quiero gatitos pequeños.

La repuesta del reflejo hace que un niño sienta que su padre acepta sus sentimientos, incluso si eso no arregla la situación:

María: Quiero taaaaanto un gatito.
Padre: Parece que de verdad quieres un gatito. Sé lo mucho que quieres, de verdad, un gatito. Y ojalá tuviéramos uno, pero no podemos tenerlo.
María: (Empieza a llorar.)
Padre: Ya veo que estás muy disgustada.
María: (Llora más.)
Padre: Te gustaría que yo pudiera solucionarlo, ¿no?
María: (Asiente con la cabeza.)
Padre: Siento mucho que estés tan triste.

Fíjese que en este último ejemplo, el padre está reflejando los sentimientos de su hija lo mejor que puede. Cuando usted refleja sentimientos le está dando permiso para expresarse aún más, por lo que antes de que el niño sienta algún alivio puede ser que llore o se enfade.

La reunión (consejo) de familia

Vea también La tormenta de ideas *(brainstorming)*

Cuando los padres quieren que sus hijos participen en la solución de un problema, convocan una reunión o consejo de familia. Los pasos en una reunión de familia son:

1. Definir el problema. Asegúrese de que identifica todos los componentes del problema o sea lo que hace que un problema sea un problema.

> Por ejemplo:
> problema: su hijo de nueve años se ha estado escapando del patio de la escuela, después de clase, para ir a una tienda de golosinas con otros niños.
> Problemas para los padres: el que se escapa, la falta de seguridad en la tienda, el que infringe las reglas de la escuela.
> Problemas para el niño: todos sus amigos lo hacen, después de clase tiene hambre.

2. Soluciones que encuentran, entre todos *(brainstorming)* al problema. Asegúrese de que se han tenido en cuenta los problemas de todos. En el caso de este problema:

- Los padres pueden darle unos bocadillos para él y sus dos mejores amigos.
- Se podría hablar con los de la tienda de golosinas para que hicieran que se marcharan los borrachos y mendigos que siempre están en el exterior.
- Deberían permitir que fuera acompañado de un chico mayor.
- Los padres deberían presionar a la comunidad para que proporcionara un cruce de calles vigilado.
- Los padres podrían hablar con los padres de otros niños sobre el tema.
- Los padres podrían telefonear a la escuela e insistir en que haya una supervisión mejor.

3. Seleccionen una o varias soluciones con las que todo el mundo pueda estar de acuerdo.

4. Prueben las soluciones y fijen una fecha para una reunión de seguimiento, dentro de tres, cuatro o cinco días para ver como marchan las cosas.

> Esta familia puede haber llegado a la conclusión de que debe haber una consecuencia por dejar el patio de la escuela sin permiso, que los padres le darán un bocadillo lo bastante grande para que lo comparta con los amigos, que llamarán a la escuela e insistirán en que haya una supervisión mejor y que se encargarán de encontrar a un chico mayor que acompañe a los chicos, un viernes de cada dos, para que tomen un helado en una heladería próxima donde hay una atmósfera más segura.

5. Celebrar la reunión de seguimiento. Si el plan funciona, siga con él. Si no es así elija otra solución y pruébela durante un cierto tiempo.

La técnica del disco rayado

Se trata, sencillamente, de repetir una orden cuando su hijo discute con usted. Permanezca tranquilo y no cambie el mensaje. (Si su hijo le aplica a *usted* la misma técnica, utilice un aviso de una consecuencia.)

Ejemplo:

Javier: ¿Por qué no puedo ir al centro comercial con Toni?

Padre: Javier, ya te he dicho «no» varias veces y te he dicho el motivo. El tema está cerrado.

Javier: ¡Eso no es justo! ¿Por qué no podemos ni siquiera hablar de ello?

Padre: El tema está cerrado.

Javier: El padre de Toni dijo que a él le parecía bien. Él confía en nosotros.

Padre: El tema está cerrado.

Javier: ¿Qué es lo que podría ir mal? ¿Qué podría pasar?

Padre: El tema está cerrado.

Javier: ¡Estupendo! Muchas gracias. (Se marcha de estampida.)

El temperamento

Es la manera en que uno reacciona a su entorno. Por ejemplo, hay niños más tranquilos y otros que siempre están más tensos. El temperamento es algo innato y muchos padres insisten: «Desde que nació ha sido un bebé con el mejor carácter del mundo». El temperamento puede que no cambie, pero el comportamiento sí.

El tiempo de elegir

Se trata de un periodo diario de unos veinte minutos en que el niño puede elegir cualquier actividad de juego que desee. Los padres pueden tomar parte, si lo desean, en el tiempo de elegir siempre que sea el niño el que elija la actividad, o bien puede jugar en solitario. Puede ponerle algunas limitaciones (por ejemplo, antes de acostarse no se pinta o se tocan pinturas). Una madre que tenía pocas consecuencias a su disposición tuvo la idea del tiempo de elegir para poder tener un privilegio que retirar en incrementos de cinco minutos.

Apaga el televisor o perderás cinco minutos de tiempo de elegir.
Termina tus deberes antes de las 7.30 y esta noche tendrás tus veinticinco minutos de tiempo de elegir.

El tiempo fuera de juego

Se trata de una consecuencia portátil y que sirve para todo. Es algo parecido a las penalizaciones que se aplican en ciertos deportes y en que el jugador queda un tiempo sin participar en el juego, sentado en el banquillo. Durante ese tiempo el niño no obtendrá respuesta alguna a sus acciones. Es mejor utilizarlo como una consecuencia de una conducta destructiva o dañina, pero no lo utilice todo el día y para todo o podría perder su impacto.

Veamos si cumple los criterios de una consecuencia eficaz:

~ ¿Tiene *significado* para su hijo?

Sí, a la mayoría de niños menores de doce años no les gusta el Tiempo fuera de juego. Sin embargo evite administrarlo en el dormitorio o podría convertirse en una diversión.

~ ¿Lo *controla* usted?

Sí, si su hijo se queda en la silla de tiempo fuera de juego cuando usted se lo dice. No, si su hijo se niega a quedarse quieto.

~ ¿Está usted *dispuesto* a imponerle un tiempo fuera de juego?

Sí, si se trata de una consecuencia firme, no física, ni exageradamente punitiva.

~ ¿Es *mínimo*?

Sí, si utiliza la directriz de un minuto por año de la edad del niño o menos.

Para utilizarlo de manera eficaz, siga las directrices siguientes:

1. Elija un lugar para el tiempo fuera de juego. Lo que funciona estupendamente es una silla que esté cerca, vuelta de cara a la pared.

2. Elija una duración temporal para el tiempo fuera de juego. Un minuto por año de la edad del niño o menos es suficiente.

3. Cuando se produzca un comportamiento destructivo o dañino dé un aviso de tiempo fuera de juego. Diga: «*La regla es que no se pega a nadie. Si pegas, tendrás un tiempo fuera de juego y vamos a hacer prácticas ahora mismo. Aquí tenemos una silla. Si pegas, te diré «Alex, ve a la silla de tiempo fuera de juego.» Cuando haya pasado el tiempo te lo diremos.*»

4. Si sigue con su comportamiento, impóngale su tiempo fuera de juego.

5. Si discute pero se sienta, ignórelo. Si se sienta a medias, si casi se estira en la silla o se desliza hasta el suelo, limítese a ignorarlo. Después de todo no se lo está pasando tan bien.

6. Si se niega a cumplir su tiempo fuera de juego, dele la posibilidad de elegir entre el tiempo fuera de juego u otra consecuencia. *«O bien cumples ahora los cinco minutos de tiempo fuera de juego, o esta noche te perderás quince minutos de tu programa favorito de televisión.»*

7. Cuando el tiempo fuera de juego haya pasado, no lo sermonee, calme, explique o mime, ya que eso podría, de hecho, aumentar el comportamiento negativo. Hay niños que se comportan mal y toleran el tiempo fuera de juego para conseguir que se les mime. Diga simplemente: *«Se ha terminado el tiempo fuera de juego.»* Al cabo de unos minutos puede invitarlo a volver a la familia.

La tormenta de ideas *(Brainstorming)*

Es una manera sensacional de que usted y sus hijos lleguen a una decisión respecto a un conflicto familiar. Primero se identifica el problema y luego todos los involucrados van dando ideas, rápidamente, sobre la manera de solucionarlo, mientras una persona las va anotando. Nadie puede comentarlas ni censurarlas. Siga haciéndolo hasta que se queden sin soluciones.

Repase la lista de ideas y tache aquellas que representen un problema para alguien y rodee con un círculo aquellas que todo el mundo estaría dispuesto a poner a prueba.

Tome la más popular y pónganse de acuerdo para someterla a prueba durante tres, cuatro o cinco días.

Convoque una reunión para evaluar si ha funcionado. Si no lo hizo, pruebe otra de la lista.

El trato de cuando/luego

Es el acuerdo de dar un privilegio a cambio de un comportamiento o tarea. Es una manera poco conflictiva de conseguir que los niños cooperen, ya que obtendrán un privilegio a cambio. No tendrá usted que insistir, porque es el niño quien debe decidir hacer la tarea y la única consecuencia por no hacerla es que se juega el privilegio.